収益認識の
会計・税務

公認会計士・税理士
小林正和
Masakazu Kobayashi

【著】

弁護士・税理士
石井 亮
Ryo Ishii

中央経済社

はじめに

　収益認識に関する会計処理については，長年にわたり企業会計原則の考え方に基づき，各業界の実務慣行を踏まえて，経営者と会計・税務の専門家（公認会計士・税理士）が議論し方針を決めてきたものと考えられています。経営者としては，基本的には収益認識の会計処理について税務申告書で調整する必要がないように，会計も税務も同じ扱いとすることによる実務負担の軽減が好まれてきました。

　しかし，近年，国際会計基準（IFRS）へのコンバージェンスの流れの中において，企業会計基準委員会（ASBJ）は，「収益認識に関する包括的な会計基準の開発についての意見の募集」を公表し，将来的に包括的な会計基準の設定が見込まれています。これにより，日本の会計基準と税務実務の関係がより複雑になっていき，税効果会計の検討も必要になっていきます。特に，税務の扱いについては，法律・通達では明確でない部分が少なくなく，最終的には，法律の専門家（裁判官）による判断（判例）により明確になるという側面があることも踏まえる必要があるのです。

　本書においては，収益認識に関する会計と税務の考え方から判例・裁決例まで，わかりやすく整理しています。

　第1章では会計基準と税務の概要について国際会計基準（IFRS）も含め確認し，第2章では棚卸資産等の販売取引，第3章では工事進行基準・役務提供等，第4章では金融商品と流動化について，それぞれ会計基準，法人税法・法人税基本通達，判例・裁決例についてみていき，第5章では税効果会計についてまとめています。

　最後に，本書の編集担当であった奥田真史氏に心から感謝を申し上げます。

2016年6月

小林正和・石井亮

目　次
―収益認識の会計・税務―

はじめに　*3*

第1章　収益認識における会計基準等と税務の概要

1　企業会計原則と工事契約会計基準など　……………………　*12*
(1)　企業会計原則　*12*
(2)　工事契約会計基準等　*13*
(3)　ソフトウェア取引　*15*
(4)　関係会社間の取引―監査委員会報告　*16*
　コラム　1　日本の会計基準等の開発　*17*

2　国際会計基準IFRS第15号「収益認識」の概要　……………　*18*

3　法人税法・通達・裁判例の概要　………………………………　*24*
(1)　法人税法　*24*
(2)　法人税基本通達　*25*
(3)　裁決例・裁判例　*27*

第2章　棚卸資産等の販売取引の会計と税務

1　日本基準とIFRS第15号　………………………………………　*29*
(1)　収益計上基準等（一時点で充足される履行義務）　*29*
(2)　機械設備販売の据付工事，ソフトウェア販売のインストール（契約の結合，別個か否か，独立販売価格）　*31*
(3)　契約の変更　*33*

(4)　ポイント・値引券（追加的な財・サービスに対する顧客の
　　　　オプション）　*36*

　　(5)　売上変動リベート・仮価格（変動対価）　*38*

　　(6)　返品取引（返品権付き販売）　*39*

　　(7)　商品券等（顧客の未履行の権利）　*41*

　　(8)　買戻条件付売却（買戻契約）　*42*

　　(9)　その他の論点　*43*

　　コラム　2　過年度遡及（その1）―正当な理由による変更・会計基準等の
　　　　改正　*44*

2　法人税法・法人税基本通達における収益の計上基準 …………… 47

　　(1)　引渡基準・履行期到来基準　*47*

　　(2)　機械設備販売の据付工事，ソフトウェア販売のインストール　*52*

　　(3)　契約の変更　*53*

　　(4)　ポイント・値引券　*54*

　　(5)　売上変動リベート・仮価格（変動対価）　*55*

　　(6)　返品調整引当金　*56*

　　(7)　商品引換券等の発行に係る商品の販売　*58*

　　(8)　買戻条件付売買　*59*

　　(9)　その他（短期売買商品の譲渡）　*60*

　　コラム　3　法人税基本通達の制定経緯　*62*

3　法人税法における収益の計上基準に係る判決・裁決 …………… 63

　　(1)　法人税法における権利確定主義　*63*

　　(2)　棚卸資産の販売取引　*66*

　　(3)　機械装置等の販売に伴う据付工事　*78*

　　(4)　委託販売と買戻条件付売買の区別　*82*

　　(5)　プリペイドカードを利用した販売取引　*83*

4　棚卸資産等の販売取引の総括 ………………………………………… 86

目次 7

第3章　工事進行基準，役務提供・サービス取引の会計と税務

1　日本基準とIFRS第15号 …………………………………………… 89
　(1)　工事進行基準（一定の期間にわたり充足される履行義務）　89
　(2)　役務提供（一定の期間にわたり充足される履行義務）　93
　(3)　ライセンス（知的財産ライセンスの供与）　97
　(4)　入会金・加入手数料（返金不能の前払報酬）　99
　(5)　その他の論点　100

2　法人税法・法人税基本通達における収益の計上基準 ………… 100
　(1)　工事進行基準　100
　(2)　役務提供（完成引渡基準）　105
　(3)　ライセンス　109
　(4)　入会金・加入手数料　111
　(5)　その他（不動産の仲介あっせん報酬）　111

3　法人税法における収益の計上基準に係る判決・裁決 ………… 112
　(1)　法人税法における権利確定主義　112
　(2)　請負の収益の計上時期　113
　(3)　宅地建物取引業者の不動産仲介　120
　(4)　業界慣行と収益の計上時期　122
　(5)　有料老人ホームの入居一時金の収益計上　125

4　工事進行基準，役務提供・サービス取引の総括 ……………… 130

第4章 金融商品と流動化の会計と税務

1. 金融商品会計基準 ……………………………………………………… *133*
2. 国際会計基準IFRS第9号「金融商品」の概要 ………………… *136*
3. 法人税法・法人税基本通達における金融商品の
   収益の計上基準 ……………………………………………………… *140*
   (1) 金融商品取引に関する法人税法の規定　*140*
   (2) 有価証券の譲渡損益　*140*
   (3) 有価証券の期末の評価損益　*144*
   (4) 有価証券の空売り，信用取引，発行日取引　*145*
   (5) 金銭債権の取得差額に係る調整差損益　*146*
   (6) デリバティブ取引　*146*
   (7) ヘッジ取引　*147*
   (8) 金融資産等の消滅の認識　*148*
4. 流動化の会計基準—日本基準と国際会計基準 …………………… *150*
   (1) 不動産流動化　*150*
   (2) 金融商品流動化　*155*
5. 法人税法における流動化取引に係る判決・裁決 ………………… *160*
   (1) 信託受益権の譲渡益の計上時期が争われた事例　*160*
   (2) 信託受益権に対する配当金の計上金額が争われた事例　*169*
6. 金融商品と流動化の総括 …………………………………………… *178*
   　コラム 4 　過年度遡及（その2）—会計（見積りの変更・誤謬）と税務　*180*

第5章　税効果会計と繰延税金資産の回収可能性の考え方

1　税効果会計の考え方 ……………………………………………… *183*
2　実効税率の算定と見直し ………………………………………… *188*
3　繰延税金資産の回収可能性 ……………………………………… *190*
　(1)　繰延税金資産の回収可能性に関する適用指針　*190*
　(2)　設例による繰延税金資産の回収可能性の検討　*191*

第6章　収益認識の会計処理と税務申告調整

1　会計と税務の申告調整 …………………………………………… *203*
2　収益認識における税務申告調整 ………………………………… *205*

凡　例	
収益認識に関する包括的な会計基準の開発についての意見の募集	収益認識意見募集
工事契約に関する会計基準	工事契約会計基準
工事契約に関する会計基準の適用指針	工事契約適用指針
金融商品に関する会計基準	金融商品会計基準
金融商品会計に関する実務指針	金融商品会計実務指針
税効果会計に係る会計基準	税効果会計基準
繰延税金資産の回収可能性に関する適用指針	回収可能性適用指針
連結財務諸表に関する会計基準	連結会計基準
個別財務諸表における税効果会計に関する実務指針	個別税効果実務指針
財務諸表等の用語、様式及び作成方法に関する規則	財務諸表等規則
ソフトウェア取引の収益の会計処理に関する実務上の取扱い	ソフトウェア実務対応
最高裁判所民事判例集	民集
行政事件裁判例集	行裁例集
訟務月報	訟月
判例時報	判時
判例タイムズ	判タ
税務訴訟資料	税資

※本書は，平成28年4月1日時点で適用されている法令，会計基準，裁判例等を前提としています。

＊収益認識意見募集については，企業会計基準委員会（ASBJ）のウェブサイト（http://www.asb.or.jp/）の「プレスリリース」より，「収益認識に関する包括的な会計基準の開発についての意見の募集」の公表（2016.2.4）をご覧ください。

第 1 章

収益認識における
会計基準等と税務の概要

　平成28年2月4日，企業会計基準委員会（ASBJ）は，「収益認識に関する包括的な会計基準の開発についての意見の募集」（以下，「**収益認識意見募集**」という）を公表した。その後，平成28年4月22日，一部改訂されている。

　これは，日本においても，収益認識に関する包括的な会計基準を開発するにあたり，国際会計基準であるIFRS第15号を出発点として検討を始めているが，企業にとって適用上の課題が生じるという懸念に対応し，連結財務諸表および個別財務諸表において，生じる可能性のある論点（以下，「**意見募集論点**」という）が識別・分析されたものである。

　このIFRS第15号を出発点とする理由として，収益認識意見募集第16項より，①国際会計基準（IFRS第15号）と米国会計基準（Topic 606）は概ね文言レベルで同一となっており，②IFRS第15号の特徴（5つのステップ）の体系を評価する必要性があり，③連結財務諸表において国際的な会計基準を適用する企業から個別財務諸表においても同様の内容の基準を用いるニーズがあるということが挙げられている。

　本書では，このような収益認識意見募集において識別された論点を踏まえ，金融商品会計基準等（第4章参照）も加えて，現行の日本基準等とIFRS第15号，IFRS第9号，法人税法等の定め，判決・裁決についてみていくこととするが，まず第1章では，それぞれの概要について確認していく。

1 企業会計原則と工事契約会計基準など

(1) 企業会計原則

　企業会計原則では，第二　損益計算書原則三B本文において，「売上高は，実現主義の原則に従い，商品等の販売または役務の給付によって実現したものに限る。」と定められている。

　この実現主義については，一般に「財貨の移転または役務の提供の完了」とそれに対する「対価の成立（現金同等物の受取）」を要件とするものといわれている。

　なお，企業会計原則注解〔注6〕では，実現主義の適用について，特殊な販売契約（委託販売，試用販売，予約販売，割賦販売）による売上収益の実現の基準について**図表1-1-1**のとおり，定められている。

図表1-1-1　特殊な契約の売上収益実現日

特殊な販売契約	売上収益の実現の日
委託販売	原則：受託者が委託品を販売した日 容認：仕切精算書が到達した日
試用販売	取引先が買取りの意思を表示した日
予約販売	商品の引渡しまたは役務の給付が完了した日
割賦販売	原則：商品等を引渡した日 容認：割賦金の回収期限の到来の日または入金の日

　また，企業会計原則注解〔注5〕(2)前受収益(4)未収収益では，契約に従い継続して役務の提供を行う場合，時間の経過を基礎として収益を認識するものとされている。

　このほか，企業会計原則　第二　損益計算書原則三Bただし書きにおいて，

「長期の未完成請負工事等については，合理的に収益を見積り，これを当期の損益計算に計上することができる。」と定められているが，その後，平成19年12月27日，企業会計基準委員会（ASBJ）より，工事契約会計基準等が公表されており，工事契約会計基準等が優先して適用される（工事契約会計基準第2項）。長期の未完成請負工事等については，工事契約会計基準の対象となるため，以下，みていくこととする。

(2) 工事契約会計基準等

工事契約会計基準および工事契約会計基準適用指針においては，工事契約の進捗途上において，進捗部分について成果の確実性が認められる場合は，工事進行基準が適用され，そうでない場合には，工事完成基準が適用されることになる（工事契約会計基準第9項）。

成果の確実性が認められるためには，工事収益総額，工事原価総額，決算日における工事進捗度について，信頼性をもって見積もる必要があるものとされてる（工事契約会計基準第9項）。

このように，任意に選択適用できるのではなく，要件に基づき適用されることとなった考え方として，同じような請負工事契約については，同様の収益認識基準が適用されることで財務諸表間の比較可能性を確保するというものである。

例えば，工事に必要な技術が確立され完成の確実性が高い状況と，そうでない状況とでは，適用すべき収益認識基準は必ずしも同一ではないことが示されている（工事契約会計基準第39項）。

ここで，工事進行基準および工事完成基準の定義（工事契約会計基準第6項），工事進行基準を適用すべき要件（工事契約会計基準第9項から第13項）をまとめると，**図表1-1-2**のとおりである。

なお，工事契約に金額的重要性がない等の理由により，個別に実行予算や原価管理がされていない場合，工事進行基準は適用できないため，工期がごく短いものについても，工事完成基準が適用される（工事契約会計基準第50項およ

図表1-1-2　工事進行基準および工事完成基準

工事進行基準	定義	工事契約に関して，工事収益総額，工事原価総額および決算日における工事進捗度を合理的に見積り，これに応じて当期の工事収益および工事原価を認識する方法
	適用すべき要件	・工事の完成見込み，対価が定められており，工事収益総額について，信頼性をもって見積もられること ・事前の見積りと実績を対比し，適時・適切に見積りの見直しがなされ，工事原価総額について，信頼性をもって見積もられること ・原価比例法※などにより，工事進捗度について，信頼性をもって見積もられること
工事完成基準	定義	工事契約に関して，工事が完成し，目的物の引渡しを行った時点で，工事収益および工事原価を認識する方法
	適用すべき要件	工事進行基準の要件が満たされない場合

※　原価比例法とは，決算日までに実施した工事に関して発生した原価が工事原価総額に占める割合を用いる方法である（工事契約会計基準第6項(7)）。
　原価比例法を用いた場合の計算例として，工事収益総額100，工事原価総額80と見積もられ，当期に発生した工事原価20が計上される前提とすると，工事進捗度25％（＝20÷80×100％）と計算され，工事収益25（＝100×25％）および工事未収入金25が計上される。

び第53項）。

　また，工事契約について，工事進行基準であるか工事完成基準であるかにかかわらず，工事原価総額と販売直接経費が工事収益総額を超過する可能性が高い場合，金額を合理的に見積もることができるとき，当該工事損失について，工事損失引当金を計上する必要がある（工事契約会計基準第19項および第20項，第63項）。

　さらに，会計単位について，当事者間で合意された「実質的な取引の単位」を適切に反映するよう，複数の契約書上の取引を結合することが必要な場合があるとされ，「実質的な取引の単位」については，工事義務の履行により対価の請求権が確定的となる範囲を考慮するものとされている（工事契約会計基準第7項および第43項）。

(3) ソフトウェア取引

　ソフトウェア取引の収益の会計処理に関する実務上の取扱い（ソフトウェア実務対応）においては，市場販売目的のソフトウェア取引および受注制作のソ

図表１−１−３　ソフトウェア実務対応における収益認識

ソフトウェア取引の内容		成果物の提供完了時点 （収益認識時点）
市場販売目的のソフトウェア取引	企業（ベンダー）の側でその仕様（スペック）が確定している場合で，直接納品	納品が完了した時点 なお，ライセンス販売の場合，顧客（ユーザー）が使用可能な状態となった時点
	企業（ベンダー）の側でその仕様（スペック）が確定している場合で，委託販売による納品	取引の代理人が最終顧客（エンド・ユーザー）に対して納品を完了した時点
受注制作のソフトウェア取引	オーダーメイドであり，その仕様（スペック）が確定しておらず，顧客（ユーザー）の側で成果物が機能を有するか確認がなされる場合	検収等により成果物の提供の完了が確認された時点 なお，分割検収について特定の条件により認められる
	買戻し条件が付いている場合	収益認識は認められない
	事後に大きな補修が生じることが明らかであり成果物の提供の完了に問題が生じている場合	
複合取引 ハードウェア(機器)とソフトウェアが有機的一体として機能しない場合のように，収益認識時点が異なる複数の取引が１つの契約とされている場合	管理上の適切な区分に基づき，販売する財または提供するサービスの内容，各々の金額の内訳が顧客（ユーザー）との間で明らかにされてるとき	契約上の対価を適切に分解して，各々の成果物の提供が完了した時点で，サービスは提供期間にわたる契約の履行に応じて収益認識する
	すべての顧客（ユーザー）に均一に提供される無償の保守サービスやユーザー・トレーニング・サービスのように，主たる取引に付随して提供されるとき	主たる取引の収益認識時点に一体として計上する

フトウェア取引について，**図表1-1-3**のとおり，収益認識について定めがなされている。

なお，ソフトウェアとは，コンピュータを機能させるように指令を組み合わせて表現したプログラム等であり，コンピュータに一定の仕事を行わせるためのプログラムおよびシステム仕様書，フローチャート等の関連文書が対象範囲となる（「研究開発費等に係る会計基準」一2，「研究開発費およびソフトウェアの会計処理に関する実務指針」第6項）。

また，ソフトウェア実務対応では，(工事)進行基準について取り扱われておらず，(工事)完成基準を適用する場合の収益認識の考え方が示されている。

さらに，複合取引については，収益認識時点が異なる複数の取引が一つの契約とされていても，内訳金額等により契約上の対価を適切に分解するものとされており，一方の取引が他方の主たる取引に付随して提供される場合には，その主たる取引の収益認識時点に一体として会計処理することができるとされている（ソフトウェア実務対応 3）。

(4) 関係会社間の取引―監査委員会報告

公認会計士協会の監査委員会報告では，「関係会社間の取引に係る土地・設

図表1-1-4 関係会社間の土地・設備等の売却益について監査上の扱い

譲渡価額に客観的な妥当性があることと，以下，①から⑦を総合的に勘案し，会計上の利益が実現したか判定すること
① 合理的な経営計画の一環であること
② 買戻条件付売買または再売買予約付売買でないこと
③ 資産譲渡取引の法律的要件を備えていること
④ 買主による資産の取得に合理性があり，運用について主体性があること
⑤ 引渡し，または所有権移転の登記がなされていること
⑥ 代金回収条件が明確かつ妥当であり，回収可能であること
⑦ 売手が引き続き使用している場合，合理性が認められること

備等の売却益の計上についての監査上の取扱い」が公表されており，関係会社間で土地・設備等を売買し，売却益を計上するような場合には，（監査法人・公認会計士による）会計監査において，**図表1-1-4**のとおり，会計上，利益計上が認められない場合があるものとされている。なお，棚卸資産に計上された土地等についても同様に扱われる。

なお，事業年度末後，買戻されている場合，売買取引がなかったものとして扱うことや，注記をすることなどが必要とされる。

 日本の会計基準等の開発

【過去の経緯】

従来，金融庁組織令第24条第2項に基づき，企業会計審議会が，会計基準等を設定して公表し，公認会計士協会が実務指針を公表していた。

現在では，企業会計基準委員会（ASBJ）（平成13年に設立された公益財団法人財務会計基準機構内の委員会）が，会計基準等を開発し公表している。平成14年には，市場関係者（経済団体連合会，公認会計士協会，全国証券取引所協議会など）から連名にて，ASBJから公表される会計基準等は，所要の手続きを経て，一般に公正妥当と認められる企業会計の基準となるので，市場関係者にとっても，それに準拠し，あるいは判断の拠り所となる企業会計上の規範となるのである旨が宣言されている。

なお，国際会計基準や米国会計基準についても，同様の民間の組織によって開発されている。

ただし，会計基準等に基づき作成された，計算書類等や有価証券報告書の様式については，会社計算規則や財務諸表等規則などとして，法務省令や内閣府令により定められていることに留意が必要である。

【大会社や上場会社等】

会計基準等が適用される財務諸表の作成会社としては，会社法上の大会社，金融商品取引法の適用を受ける会社が挙げられる。

まず，会社法第2条第6号および第328条より，資本金5億円以上または負債200億円以上の会社は大会社に該当するため，会計監査人（公認会計士・監査法人）を設置する必要がある。この場合，一般に公正妥当と認められる企業会計の基準に基づき作成された財務諸表等（計算書類等）へ公認会計士・監査法人が発行する監査報告書が添付されることとなる。

　次に，金融商品取引法第24条より，上場会社や株主1,000人以上の会社などは，有価証券報告書等を金融庁へ提出する必要がある。この場合，一般に公正妥当と認められる企業会計の基準に基づき作成された財務諸表等へ公認会計士・監査法人が発行する監査報告書（四半期の場合，四半期レビュー報告書）が添付されることとなる。

【中小企業の場合】

　大会社や上場会社等に該当しないような，中小企業の場合，公認会計士・監査法人による会計監査を受ける義務はないことから，税務申告のための決算書が作成されるのが一般的と考えられる。

　ただし，「中小企業の会計に関する指針」に加えて，さらに簡便化された「中小企業の会計に関する基本要領」が公表されており，これらは法令等により強制されていないが，金融機関による金利の優遇制度などで使用されている。

　なお，「中小企業の会計に関する基本要領」では，Ⅱ．各論　1．収益，費用の基本的な会計処理(1)において，「収益は，原則として，製品，商品の販売又はサービスの提供を行い，かつ，これに対する現金及び預金，売掛金，受取手形等を取得した時に計上する。」とされている。

　本書では，基本的には，大会社や上場会社等に該当する会社の会計処理をみていくことに加えて，法人税等で定める処理についてもみていくことから，中小企業においても参考になるものと考えられる。

2　国際会計基準IFRS第15号「収益認識」の概要

　IFRS第15号「顧客との契約から生じる収益」は，2014年5月28日に公表され，2017年1月1日以後開始する事業年度に適用され，早期適用が認められている（IFRS第15号C1項）。

ただし,IFRS第15号第5項より,以下のものには適用されないものとされている。

・金融商品等(IFRS第9号,IFRS第10号,IFRS第11号,IAS第27号,IAS第28号)
・リース契約(IAS第17号)
・保険契約(IFRS第4号)
・非貨幣性資産(石油など)の交換

また,IFRS第15号の適用により,現行の会計基準等(IAS第11号「工事契約」,IAS第18号「収益」,IFRIC第13号「カスタマー・ロイヤルティ・プログラム」,IFRIC第15号「不動産の建設に関する契約」,IFRIC第18号「顧客からの資産の移転」,SIC第31号「収益—宣伝サービスを伴うバーター取引」)は廃止される(IFRS第15号C10項)。

IFRS第15号では,IAS第18号およびIAS第11号と異なり,次の5つのステップが定められており(IFRS第15号IN7項),収益を計上するために,より詳細な検討が必要とされている。なお,契約コスト(販売手数料)についても定めがなされている(IFRS第15号第91項から第104項)。

図表1-2-1　IFRS第15号における5つのステップとIAS第18号

	IFRS第15号	IAS第18号(参考)
1	契約の識別(第9項など)	取引の識別(第13項など)
2	履行義務の識別(第22項など)	
3	取引価格の算定(第47項など)	収益の測定(第9項など)
4	履行義務への取引価格の配分(第73項など)	取引の識別(第13項など)
5	履行義務の充足(第31項など) ・一定の期間にわたり充足される履行義務 ・一時点で充足される履行義務	・物品の販売(第14項など) ・サービスの提供(第20項など)

図表1-2-2 IFRS第15号における5つのステップとIAS第11号

	IFRS第15号	IAS第11号（参考）
1	契約の識別（第9項など）	工事契約の結合及び分割（第7項など）
2	履行義務の識別（第22項など）	
3	取引価格の算定（第47項など）	工事契約収益（第11項など）
4	履行義務への取引価格の配分（第73項など）	工事契約の結合及び分割（第7項など）
5	履行義務の充足（第31項など） ・一定の期間にわたり充足される履行義務 ・一時点で充足される履行義務	工事契約収益及び費用の認識（第22項など） ・信頼性をもって見積可能な場合，進捗度に応じて計上（工事進行基準） ・信頼性をもって見積りできない場合，収益は，発生した工事契約原価の範囲内で計上

　このように，IFRS第15号における5つのステップのうち，1から4については，主に会計処理の対象項目を識別し測定するためのガイダンスであるものと考えられる。具体的には，契約の要件，契約の結合，契約変更，履行義務に該当する約束した財・サービスの要件，取引価格の算定（変動対価，返品，金融要素など），取引価格を履行義務へ配分（独立販売価格に基づく配分，値引き・変動対価の配分，取引価格の変動）である。

　これらについて，IAS第11号やIAS第18号において詳細にガイダンスが定められていなかったものである。1においてみてきた日本の会計基準等にも詳細な定めがないものである。

　5つのステップのうち，5において収益認識のタイミングが決まることとなる。IAS第11号とIAS第18号では取引タイプごとに定められていたものが，**図表1-2-3**のように，IFRS第15号では，契約や約束に基づき，顧客が資産（財・サービス）を支配していくことにより，履行義務が充足されるタイミングが定められている（IFRS第15号第31項）。

図表1-2-3　IFRS第15号における履行義務の充足—収益認識のタイミング

約束した財・サービス（資産）を顧客に移転 → 顧客が資産に対する支配を獲得していく → 履行義務の充足による収益認識
・一定の期間にわたり充足
・一時点で充足

　財・サービスが顧客に移転し，支配が獲得されて，履行義務が充足されることにより，収益認識となるが，具体的な要件に照らし，最初に，「一定の期間にわたり充足」するのか，あるいは「一時点で充足」するのか判断する必要がある。

　以下の要件のいずれかに該当する場合，「一定の期間にわたり充足」するものとみなされることとなる（IFRS第15号第35項）。この場合，進捗度を測定することにより，進捗度に応じて収益が計上されることとなる（IFRS第15号第39項から第45項）。

・企業の履行によって提供される便益について，企業が履行するにつれて顧客が同時に受け取って消費する場合
・企業の履行により，仕掛品のような資産を創出するかまたは増価させることで，顧客が当該資産の創出または増価につれて支配する場合
・企業の履行について，他に転用できる資産を創出しておらず，かつ，企業が現在までに完了した履行に対して支払いを受ける強制可能な権利を有している場合

　このような要件のいずれにも該当しない場合には，「一時点で充足」するものとみなされることとなる。その場合，次のような支配の移転の指標を考慮することにより，収益が計上される時点が決定されることとなる（IFRS第15号第38項）。

- 企業が資産に対する支払いを受ける現在の権利を有したこと
- 顧客が資産に対する法的所有権を有したこと
- 企業が資産の物理的占有を移転したこと
- 顧客が資産の所有に伴う重大なリスクと経済価値を有したこと
- 顧客が資産を検収したこと

　これまでみてきたとおり，IFRS第15号では，財・サービスに関する収益認識の要件について，工事契約を区分することなく，定められている。したがって，IAS第11号やIAS第18号と比較すると**図表1-2-4，1-2-5**のとおりと考えられる。

図表1-2-4　IFRS第15号の履行義務の充足とIAS第18号（物品の販売）

IFRS第15号より，「一時点で充足する場合」の履行義務の充足を判断するための指標	IAS第18号第14項より，物品の販売における収益認識の要件
・企業が資産に対する支払いを受ける現在の権利を有したこと	・収益の額を，信頼性をもって測定できること ・経済的便益が売手に流入する可能性が高いこと
・顧客が資産に対する法的所有権を有したこと	・所有とみなされる，継続的な管理上の関与も実質的な支配も売手が保持していないこと
・企業が資産の物理的占有を移転したこと	
・顧客が資産の所有に伴う重大なリスクと経済価値を有したこと ・顧客が資産を検収したこと	・重要なリスクおよび経済価値の移転
	・発生した売上原価について信頼性をもって測定できること

図表1-2-5　IFRS第15号の履行義務の充足とIAS第18号（サービスの提供）・IAS第11号

IFRS第15号より，「一定の期間にわたり充足」するためには，進捗度を合理的に測定できることと，以下のいずれかに該当すること	IAS第18号 第20項およびIAS第11号23項より，進捗度に応じて認識されるための要件
・企業の履行によって提供される便益について，企業が履行するにつれて顧客が同時に受け取って消費する場合（例えば，清掃サービス）	（サービスの提供） ・収益の額を，信頼性をもって測定できること ・経済的便益が売手に流入する可能性が高いこと ・進捗度について信頼性をもって測定できること ・発生した売上原価について信頼性をもって測定できること
・企業の履行により，仕掛品のような資産を創出するかまたは増価させることで，顧客が当該資産の創出または増価につれて支配する場合（例えば，顧客の敷地内での資産の建設） ・企業の履行について，他に転用できる資産を創出しておらず，かつ，企業が現在までに完了した履行に対して支払いを受ける強制可能な権利を有している場合（例えば，顧客からの個別注文による資産の建設）	（工事契約） ・工事契約の収益合計額が，信頼性をもって測定できること ・経済的便益が売手に流入する可能性が高いこと ・進捗度と工事契約原価について信頼性をもって測定できること ・工事契約原価が，見積りと実際発生額が比較できるよう，明確に識別し，信頼性をもって測定できること

　また，IFRS第15号の公表に伴い，IAS第16号「有形固定資産」が改正されている。IAS第16号において，有形固定資産の処分の日は，IFRS第15号における履行義務がいつ充足されたのかという判定の要求事項に従い，受取人が支配を獲得した日であるとされており，有形固定資産売却損益の算定における対価の金額とその後の変動についても，IFRS第15号に従うものとされている（IAS第16号第69項および第72項）。

なお、IAS第38号「無形資産」についても改正がなされており、有形固定資産と同様に、処分の日および売却損益の算定等について、IFRS第15号に従うものとされている（IAS第38号第114項および第116項）。

3 法人税法・通達・裁判例の概要

(1) 法人税法

法人税法22条2項は、所得の金額の計算上、益金に算入すべき金額について、次のとおり規定している。

> 【法人税法22条2項】
> 　内国法人の各事業年度の所得の金額の計算上当該事業年度の益金の額に算入すべき金額は、別段の定めがあるものを除き、資産の販売、有償又は無償による資産の譲渡又は役務の提供、無償による資産の譲受けその他の取引で資本等取引以外のものに係る当該事業年度の収益の額とする。

そして、ここでいう「収益の額」については、さらに、法人税法22条4項が、次のとおり規定している。

> 【法人税法22条4項】
> 　第2項に規定する当該事業年度の収益の額及び前項各号に掲げる額は、一般に公正妥当と認められる会計処理の基準に従って計算されるものとする。

つまり、収益の額の計算に関するルールを、網羅的に法人税法に規定するのではなくて、基本的には、「一般に公正妥当と認められる会計処理の基準」（公正処理基準）に従うこととしたのである。そして、公正処理基準と異なる取扱いを要する部分について、「別段の定め」として特に規定を設けることとしている。

収益の計上基準に関しても、法人税法は、基本的なルールについては、特に

規定を設けず、その「特例」についてのみ規定を設けるという、ややわかりにくい構造を採用している。

図表1-3-1　収益計上基準をめぐる法人税法の構造

- 原則：公正処理基準（具体的内容につき定めなし）
- 特例：別段の定め
  例）収益及び費用の帰属事業年度の特例
   ・63条：長期割賦販売等に係る収益及び費用の帰属事業年度
   ・64条：工事の請負に係る収益及び費用の帰属事業年度

(2) 法人税基本通達

　法人税法に代わって、法人税における収益の計上基準を定めているのが、「法人税基本通達」（直審（法）25（例規）昭和44年5月1日）である。

　法人税基本通達は、法律ではない。あくまで、国税庁長官が税務職員に対して発する内部的な命令にすぎない。そのため、税務職員は法人税基本通達の定めに拘束されるが、納税者、裁判所はこれに従わなくてもよい。しかし、税務職員が拘束されるということは、現実の執行の場面では法人税基本通達の定めに従って処分等が行われるということである。そのため、実務上は、法人税基本通達は、法律に準じたものとして、取り扱われている。

　特に、収益の計上基準については、法人税法の規定がないところを、法人税基本通達が詳細な定めを置いている。そのため、課税実務では法人税基本通達への依存度が高い。法律的な位置づけとしては、公正処理基準の内容を確認する定めということになろうか（吉牟田勲『新版法人税法詳説―立法趣旨と解釈―［平成10年度版］』（1998）91頁参照）。

　この法人税基本通達において定められた収益の計上基準は、企業会計と同様に、「発生主義」の考え方に基づくとされている（大澤幸宏編著『法人税基本通達逐条解説（7訂版）』（2015）99頁以下）。ただし、単純に発生主義を採用しているのではなくて、「発生主義とともに実現主義……を併せて適用」したもの

図表1-3-2　法人税法と法人税基本通達

法人税法		法人税基本通達
公正処理基準（22Ⅳ）		棚卸資産の販売による収益（2－1－1～2－1－4） 請負による収益（2－1－5～2－1－13） 固定資産の譲渡等による収益（2－1－14～2－1－21） 利子，配当，使用料等に係る収益 （2－1－24～2－1－31） その他の収益等（2－1－34～2－1－48）
別段の定め	短期売買商品の譲渡損益及び時価評価損益（61）	短期売買商品の譲渡による損益 （2－1－21の2～2－1－21の3）
	有価証券の譲渡損益及び時価評価損益 （61の2～61の4）	有価証券の譲渡による損益 （2－1－22～2－1－23の4）
	償還有価証券の調整差益及び調整差損 （令139の2）	その他の収益等（2－1－32～2－1－33）

とされている。

そして，ここでいう「実現主義」とは，「未実現の利益はこれを排除するという考え方であり，この場合の『実現』に関する会計上の証拠は，原則として企業の生産する財貨又は役務が外部に販売されたという事実に求められるので，収益計上に関しては，これを『販売基準』ともいう。」とされている（大澤・前掲100頁）。

図表1-3-3　法人税基本通達の考え方

```
発生主義　＋　実現主義（＝販売基準）
　　　　　→外部に販売された事実に着目
```

(3) 裁決例・裁判例

　このように，法人税基本通達が詳細な収益の計上基準を定めているが，法律でない以上は，その定めが常に法人税法上の公正処理基準に合致するとの保証はない。また，特殊な取引における収益の計上については，法人税基本通達に定めがない場合もある。そのため，課税当局と納税者との間で，収益の計上時期について見解の相違が生じることがある。その場合は，最終的には裁判所でその見解の是非について判断されることになる。

　このような裁判所の判断は，個別具体的な事案を解決するためのものであるから，当然には他の事案において適用されない。しかし，その判断が合理的である場合には，先例として尊重され，確立した法解釈として機能することがある。したがって，課税実務という見地からも，裁判例における判断は，重要な意味を持つ。

　収益の計上時期に関しては，判例上は，「権利確定主義」という考え方が採用されていると理解されている。権利確定主義の具体的な内容については，個々の裁判例によって，若干の表現等が異なるが，「収益すべき権利が確定したときの属する年度」に収益を認識する基準であると理解されている（最高裁平成5年11月25日判決民集47巻9号5278頁：大竹貿易事件最高裁判決）。

　ただし，個別の裁判例を見る限りは，「収益すべき権利が確定した」か否かという観点から演繹的に結論を導いているというよりは，実際には法人税基本通達の定めなどを勘案しながら，取引の類型ごとに，個別的に検討・判断する傾向が強い。したがって，裁判例の趣旨が及ぶ範囲は，事案の類似性を含めて，慎重に検討する必要がある。

第2章

棚卸資産等の販売取引の会計と税務

　第1章の冒頭のとおり，平成28年2月4日（一部改訂 平成28年4月22日）に企業会計基準委員会（ASBJ）から公表された収益認識意見募集を踏まえ，第2章では，棚卸資産等における販売取引の収益認識について，重要な意見募集論点ごとに，日本の会計基準等，IFRS第15号等を比較していくとともに，法人税法等における規定や判例等についてもみていくこととする。

1　日本基準とIFRS第15号

(1)　収益計上基準等（一時点で充足される履行義務）【意見募集論点10】

Point

> IFRS第15号では，顧客が資産に対する支配を獲得した時点において，履行義務が充足されるため，収益が計上されることになる。このため，支配が移転していない時点では収益の計上が認められないことになる。

　日本基準では，企業会計原則における実現主義に基づき，「財貨の移転の完了」を要件として収益計上されることとなる。
　収益認識意見募集第116項のとおり，実現主義の原則に基づき，実務上，出

荷基準，引渡基準および検収基準等が，取引の性質を考慮のうえ，使い分けられており，割賦基準も認められている。

具体的には，第1章①(1)の**図表 1-1-1**のとおり，委託販売の場合，仕切精算書が到達した日に収益計上することも認められていることや，割賦販売の場合，割賦金の回収期限の到来の日または入金の日に収益計上することも認められている。

IFRS第15号においては，第1章②の**図表 1-2-3**，および収益認識意見募集第117項のとおり，財貨が顧客へ移転し，履行義務が充足されることが収益計上の要件となっている。

このため，収益認識意見募集第118項から第121項のとおり，収益の認識時期が異なることになる。出荷基準，委託販売における仕切精算書の到達日基準，割賦販売における割賦金の回収期限到来日または入金日基準などについては認められないため，重要性を勘案することになるものと考えられる。

具体的事例として，収益認識意見募集では，例えば，物品の販売契約，仕向地持込渡条件の製品輸出取引が挙げられている。

【**重要な金融要素**】
収益認識意見募集第233項から第236項のとおり，IFRS第15号では，重要な金融要素について調整するとされている。

このため，割賦販売では回収期日が猶予されるため，顧客に重要な便益が提供される場合，重要な金融要素が存在するものとみなされることが考えられる。

重要な金融要素が存在する場合，貨幣の時間価値に相当する金額については，IFRS第9号「金融商品」に従い，金融収益として計算する必要があることになる（IFRS第15号第60項から第62項および設例26）。

例えば，財・サービスの移転日から2年後に決済する取引が対価121,000であった場合，仮に移転日に現金決済する場合は100,000で取引するものと算定されたとすると，$100{,}000 = 121{,}000 \div (1 + 10\%)^2$であることから，黙示的な金利が10％とみなされる。

この結果，1年目においては，移転日に売上収益100,000，金利収益として10,000（＝100,000×10％），売掛金110,000が計上される。2年目においては，金利収益として，11,000（＝110,000×10％），売掛金121,000が計上される。

仕訳例は以下のとおりと考えられる。

```
（1年目）
  （借）売掛金    110,000    （貸）売上収益  100,000
                                  金利収益   10,000
（2年目）
  （借）売掛金     11,000    （貸）金利収益   11,000
（決済日）
  （借）現金      121,000    （貸）売掛金   121,000
```

(2) 機械設備販売の据付工事，ソフトウェア販売のインストール（契約の結合，別個か否か，独立販売価格）【意見募集論点1，3，8】

Point☝

> IFRS第15号では，履行義務の識別（収益認識の単位）について定めがあり，要件に基づき区分する必要がある。このため，それぞれ単独で便益を得られるかなどの要件に照らして判断する必要があり，一括した収益の計上が認められないことがある。

日本基準では，取引の会計処理単位への結合や分割に関する一般的な定めはなく，工事契約会計基準では実質的な取引の単位（第1章①(2)参照），ソフトウェア実務対応では複合取引（第1章①(3)参照）について定めがあるものの，結合や分割されることなく実現主義に基づき「財貨の移転の完了」を要件として収益計上されることがある。

例えば，機械設備販売に伴う据付工事において据付工事が未了である場合，財貨の移転が完了していないものと判断された場合，全体として収益が計上されないことがあると考えられる。

また，ソフトウェア販売において，必要とされるインストールのための作業が未了の場合，財貨の移転が完了していないものと判断された場合，全体として収益は計上されないことがあると考えられる。

　IFRS第15号においては，まず，収益認識意見募集第25項のとおり，次のいずれかの要件に該当する場合，複数の契約を結合し「単一の契約」として会計処理することが必要とされる（IFRS第15号第17項）。

> (a)　単一の商業的な目的のためのパッケージとして交渉され契約されていること
> (b)　ある契約の対価の金額が，他の契約の価格や履行状況により影響を受けること
> (c)　複数の契約で約束された財・サービスが，履行義務を識別する要件（以下参照）に照らして，単一の履行義務であると判断されること

　次に，収益認識意見募集第44項のとおり，売手が，履行義務として，別個である約束した財・サービスを識別し，それぞれの財・サービスを移転することにより，履行義務が充足され，収益計上される（IFRS第15号第22項(a)）。

　さらに，複数の財・サービスがそれぞれ別個のものかどうか識別する必要があり，次の両方の要件が満たされる場合，別個のものとされることとなる（IFRS第15号第27項）。

> (a)　それぞれの財・サービスについて，単独，または顧客が容易に利用可能な他の資源と組み合わせて，便益を得ることができること
> (b)　契約において，財・サービスを移転するという約束が，他の約束と区分して識別可能であること

　例えば，機械設備販売に伴う据付工事，ソフトウェア販売のインストールについては，上記の要件に照らして検討することとなる。別個のものではない場

合，単一の履行義務となるため（IFRS第15号第30項および設例10），それぞれ，据付工事，インストール作業が完了することにより単一の履行義務が充足され，全体について収益計上されるが，そうではない場合，複数の履行義務についてそれぞれ収益計上されることとなる。IFRS第15号設例11より，ソフトウェアのインストールに大幅なカスタマイズが必要な場合には，ソフトウェアライセンスとインストールサービスが一体となる例が示されている。

また，収益認識意見募集第90項および第91項のとおり，識別された複数の履行義務について取引価格を配分することとなり，配分方法としては，それぞれの財・サービスを独立に販売するとした場合の価格（独立販売価格）の比率で行うものとされており，独立販売価格が直接的に観察可能でない場合には，特定の方法により見積もるものとされ，限定的な状況では残余アプローチが認められている（IFRS第15号第73項から第81項）。

具体的事例として，収益認識意見募集の論点1では，機器の販売と保守サービスの提供が別の契約として締結されるケース，論点3では，機械の販売契約と保守サービス契約との複合契約，据付けや試運転作業を伴う精密機器の販売，ソフトウェアのライセンス供与に含まれるアップデート・サービスの提供，論点8では，機械の販売契約と保守サービス契約との複合契約，ポイント制度が挙げられている。

(3) 契約の変更【意見募集論点2】

Point ☝

> IFRS第15号では，契約の変更について定めがあり，独立販売価格を調整した価格かどうかなどの要件に基づき，新規契約や既存契約の修正などとして扱うことになる。

収益認識意見募集第33項および第34項のとおり，日本の会計基準等では，工事契約等を除いて一般的な定めがないが，IFRS第15号においては，当初の契約に変更がなされた場合における会計処理が定められている。

IFRS第15号第20項より，次の両方の要件が満たされる場合（以下，第20項の場合），契約変更を独立した契約として会計処理することとなる（IFRS第15号第26項から第30項，設例5）。

> (a) 別個である，約束した財・サービスの追加により，契約の範囲が拡大すること
> (b) 契約における対価の金額について，独立販売価格へ適切な調整が反映された金額の分だけ増加すること（例えば，新規の最終顧客に販売するための値引）

上記に該当しない場合，IFRS第15号第21項より，既存の契約のうち，いまだ移転されていない残りの財・サービスの会計処理について，以下のとおり定められている。

図表2-1-1　契約変更における残りの財・サービス（IFRS第15号第21項）

(a) 残りの財・サービスが，移転済みの財・サービスと別個のものである場合（以下，第21項(a)の場合）	既存の契約を解約して，新契約が創出されたものとして会計処理する
(b) 残りの財・サービスが，部分的に充足された履行義務の一部である場合	既存の契約の一部として，契約変更を会計処理する。すなわち，契約変更による取引価格および進捗度の修正は，収益の修正として計上される（累積的キャッチアップ）
(c) 残りの財・サービスが，(a)と(b)の組み合わせである場合	契約変更について，本項の目的に整合する方法で会計処理する

上記のうち，①第20項の場合と②第21項(a)の場合について，以下，みていくこととする。

①第20項の場合として，例えば，既存の契約において，製品120個を120,000（@1,000）で顧客へ販売することとされており，製品60個を販売した後，追加

で製品30個を販売することとなったとする。この追加の製品については，新規の最終顧客へ販売するものであることから，独立販売価格＠1,000へ調整がなされ，27,000（＠900）となったものとする。この場合の仕訳例は以下のとおりと考えられる。

```
（最初に60個を販売）
  （借）売掛金　60,000　　（貸）売上収益　60,000（＠1,000）
（残りの60個を販売）
  （借）売掛金　60,000　　（貸）売上収益　60,000（＠1,000）
（追加の30個を販売）
  （借）売掛金　27,000　　（貸）売上収益　27,000（＠900）
```

②第21項(a)の場合として，例えば，既存の契約において，製品120個を120,000（＠1,000）で顧客へ販売することとされており，製品60個を販売した後，追加で製品30個を販売することとなったとする。この追加の製品については，独立販売価格へ調整がなされた価格ではなく，最初の60個の販売における品質トラブルを反映したことにより，21,000（＠700）となったものとする。第21項(a)に基づき，新契約が創出されたとみなされるため，新契約として90個（＝60個＋30個）を81,000（＝60,000＋21,000）（＠900）で顧客へ販売することとなる。この場合の仕訳例は以下のとおりと考えられる。

```
（最初に60個を販売）
  （借）売掛金　60,000　　（貸）売上収益　60,000（＠1,000）
（残りの60個を販売）
  （借）売掛金　54,000　　（貸）売上収益　54,000（＠900）
（追加の30個を販売）
  （借）売掛金　27,000　　（貸）売上収益　27,000（＠900）
```

具体的事例として，収益認識意見募集の論点2では，製品販売における追加契約，ソフトウェア開発における仕様変更が挙げられている。

(4) ポイント・値引券（追加的な財・サービスに対する顧客のオプション）【意見募集論点4】

> **Point**
>
> IFRS第15号では，ポイント・値引券に相当する対価について契約負債（履行義務）として計上することになる。このため，引当金として計上することは認められない。

　収益認識意見募集第51項より，日本基準では，追加的な財・サービスに対する顧客のオプションについて一般的な定めはないが，ポイントについては，将来のポイントとの交換に要すると見込まれる金額を引当金として計上されることが多いとされている。

　なお，企業会計原則注解（注18）において，将来の特定の費用または損失であって，その発生が当期以前の事象に起因し，発生の可能性が高く，かつ，その金額を合理的に見積もることができる場合には，当期の負担に属する金額を当期の費用または損失として引当金に繰り入れるとされていることから，ポイント引当金などを負債として計上し，当該引当金の繰入額は販売費及び一般管理費に計上されることがある。

　IFRS第15号においては，収益認識意見募集第52項から第54項より，商品やサービスの提供に付随して付与されるポイントや値引券は，追加的な財・サービスを無料・割引価格で取得できる顧客のオプションとして扱われるものとされている。

　このようなオプションについては，対象となる財・サービスが移転またはオプションが消滅したときに収益を認識するものとされるため，独立販売価格を見積り，当該独立販売価格に基づき対価を配分し，調整したうえで収益計上することが定められている（IFRS第15号第74項およびB40項）。このように独立販売価格を見積もる場合，顧客がポイントや値引券を使用することにより追加で受けられる値引きの金額と発生可能性について考慮する必要がある（IFRS

第15号B42項,設例49,設例52)。

(ポイントの場合)

例えば,契約において,商品100個を100,000で顧客へ販売した場合,顧客はポイント10,000を獲得することとなり,顧客は将来,商品の購入時に10,000の値引きを受けることができるものとする。顧客が将来,交換する可能性が95%と予測し,ポイント10,000の独立販売価格9,500と見積もる。

この場合,商品100個とポイント10,000が顧客へ移転あるいは付与されたため,複数の履行義務へ配分するという考え方により,対価100,000について,以下の配分計算がなされる。

履行義務	独立販売価格	対価の配分計算	配分後の金額
商品100個	(B) 100,000	100,000÷(A)109,500×(B)100,000	91,324
ポイント10,000	(C) 9,500	100,000÷(A)109,500×(C)9,500	8,676
合計	(A) 109,500		100,000

この場合の仕訳例は以下のとおりと考えられる。

(借) 現金　100,000　　(貸) 売上収益　91,324
　　　　　　　　　　　　　　契約負債　　8,676

なお,ポイントが95%交換される見積りに変更ない場合,ポイント9,500のうち,4,500が交換された場合には,契約負債8,676のうち4,110 (=8,676÷9,500×4,500) について,売上収益として計上される。

(値引券の場合)

例えば,契約において,商品100個を100,000で顧客へ販売した場合,顧客は40%の値引券を獲得することとなり,顧客は今後30日間,商品の購入時に40%の値引きを受けることができるものとする。ただし,今後30日間,販売促進のため,すべて10%の値引きがなされる。これは,40%の値引券に加算されるも

のではない。このため，値引券による追加分としては，30％の値引きである。値引券が使用される可能性は80％であり，商品50,000が購入されるものと見積もると，値引券の独立販売価格12,000（＝50,000×30％×80％）と見積もる。

この場合，商品100個と値引券が顧客へ移転あるいは付与されたため，複数の履行義務へ配分するという考え方により，対価100,000について，以下の配分計算がなされる。

履行義務	独立販売価格	対価の配分計算	配分後の金額
商品100個	(B) 100,000	100,000÷(A) 112,000×(B) 100,000	89,286
値引券	(C) 12,000	100,000÷(A) 112,000×(C) 12,000	10,714
合計	(A) 112,000		100,000

この場合の仕訳例は以下のとおりと考えられる。

（借）現金　100,000　　（貸）売上収益　89,286
　　　　　　　　　　　　　　契約負債　10,714

具体的事例として，収益認識意見募集の論点4では，ポイント制度が挙げられている。

(5) 売上変動リベート・仮価格（変動対価）【意見募集論点6】

Point

> IFRS第15号では，リベート，値引きなどについて，期待値または最も可能性の高い金額により変動対価の金額を見積もることとされているため，当該方法を適用する必要がある。

収益認識意見募集第70項より，日本基準では，変動対価について一般的な定めはなく，売上リベートの支払い可能性が高いと判断された時点で収益または販売費として計上されることが多く，仮価格についても，販売時は仮価格で収益を計上し，顧客との交渉状況等に応じて見直しがなされている。

IFRS第15号においては，収益認識意見募集第71項から第73項のとおり，値引き，リベート，返金，クレジット，インセンティブ，ペナルティなどの変動対価について，以下のいずれかの適切な方法を用いて変動対価の金額の見積りをすることになる（IFRS第15号第50項から第53項）。

(a) 期待値	考えられる対価の金額の範囲における確率加重平均の合計
(b) 最も可能性の高い金額	考えられる対価の金額の範囲における単一の最も可能性の高い金額

さらに，IFRS第15号第56項および第57項では，変動対価における不確実性がその後に解消される際，収益の重大な戻入れが生じることのないように，変動対価の金額の見積りをすることになる旨が定められている。

具体的事例として，収益認識意見募集の論点6では，家電量販店に対して負担する値引相当額，仮価格の設定が挙げられている。

(6) 返品取引（返品権付き販売）【意見募集論点7】

Point

> IFRS第15号では，返品取引について返金資産および返金負債（履行義務）として計上することになる。このため，引当金として計上することは認められない。

収益認識意見募集第80項より，日本基準では，返品が見込まれる場合には，過去の返品実績等に基づき返品調整引当金が計上され，当該引当金の繰入額については，売上総利益の調整として表示されることが多い。

なお，企業会計原則注解（注18）では，将来の特定の費用または損失であって，その発生が当期以前の事象に起因し，発生の可能性が高く，かつ，その金額を合理的に見積もることができる場合には，当期の負担に属する金額を当期の費用または損失として引当金に繰り入れるとされており，引当金の1つの例

として返品調整引当金が示されている。

IFRS第15号においては，収益認識意見募集第81項および第82項のとおり，返品権付の製品の販売取引について，返品が見込まれる製品の対価の金額について収益を計上しないことと，「返金負債」の計上，「返金資産」の計上と売上原価の修正（顧客から製品を回収する権利）が定められている（IFRS第15号B21項および設例22）。

また，返品権が存在することにより変動対価となっているため，以下のとおり，いずれかの適切な方法を用いて変動対価の金額の見積りをすることになる（IFRS第15号第53項）。

(a)	期待値	考えられる対価の金額の範囲における確率加重平均の合計
(b)	最も可能性の高い金額	考えられる対価の金額の範囲における単一の最も可能性の高い金額

さらに，IFRS第15号第56項および第57項では，変動対価における不確実性がその後に解消される際，収益の重大な戻入れが生じることのないように，変動対価の金額の見積りをすることになる旨の定めがなされている。

例えば，契約において，製品120個を120,000（@1,000）（原価は，@700）で顧客へ販売することとされており，取引慣行として，顧客が未使用の製品を返品することで全額の返金を受けられることが認められているものとする。変動対価の見積りに関する定めに基づき検討した結果，製品5個に相当する金額5,000が返金負債として見積もられることとなり，対応する原価3,500（＝5×@700）が返金資産として見積もられることとなる。

この場合の仕訳例は以下のとおりと考えられる。

```
（借）売掛金    120,000   （貸）売上収益  120,000
（借）売上収益    5,000   （貸）返金負債    5,000
（借）返金資産    3,500   （貸）売上原価    3,500
```

具体的事例として、収益認識意見募集の論点7では、出版物や音楽用ソフトの販売、通信販売が挙げられている。

(7) 商品券等（顧客の未行使の権利）【意見募集論点11】

> **Point** 👉
> IFRS第15号では、商品券等について契約負債（履行義務）として計上することになる。

　企業会計原則における実現主義に基づき、「財貨の移転の完了」を要件として収益計上されることとなる。このため、商品引換券等を発行した時点において、通常、「財貨の移転の完了」という要件が満たされないことから、収益は計上されないものと考えられる。

　なお、収益認識意見募集第123項においても、顧客から事前に対価を受領するときに前受金等の負債を認識し、商品等を提供した時点で収益を認識するとある。

　IFRS第15号においては、収益認識意見募集第124項のとおり、商品引換券等を発行した時点において、顧客から前払金を受け取ったものとされるため、契約負債として負債計上されることになる（IFRS第15号第106項、B44項）。

　その後、顧客が商品引換券等を使用した場合には、収益として計上されることとなるが、顧客が権利を行使しないと見込まれる部分（非行使部分）についての扱いは次のとおりとされている。

　収益認識意見募集第125項より、非行使部分について、収益を認識しても重大な戻入れが生じない可能性が非常に高い場合、顧客が権利を行使するパターンに比例して収益として計上し、そうでない場合には、顧客が残りの権利を行使する可能性がほとんどなくなったときに収益として計上するものとされている（IFRS第15号B45項からB47項）。いずれにしても、顧客による将来の権利行使を見積ることにより会計処理することになるものと考えられる。

　具体的事例として、収益認識意見募集の論点11では、有効期限のない商品券

や旅行券等を発行する取引が挙げられている。

(8) 買戻条件付売却（買戻契約）

> **Point** 👉
> IFRS第15号では，買戻条件付売却について借入取引またはリース取引として計上することになる。このため，収益認識することは認められない。

　収益認識意見募集では，買戻条件付売却（買戻契約）について扱っていないが，日本基準では一般的な定めがないのに対して，IFRS第15項では定められていることから，以下，みていくこととする。

　企業会計原則における実現主義に基づき，「財貨の移転の完了」を要件として収益計上されることとなる。このため，買戻条件付売却の場合，通常，「財貨の移転の完了」という要件が満たされないことから，収益は計上されないものと考えられる。

　IFRS第15号においては，売手が，資産を買い戻す義務または権利（先渡取引またはコール・オプションの買建）を有している場合，顧客は支配を獲得していないと定められている（IFRS第15号B66項および設例62）。この場合の会計処理は以下のとおりとなる。

- 買戻価格≧取引価格の場合，借入契約として会計処理（差額は金利の支払）
- 買戻価格<取引価格の場合，IAS第17号に従いリース取引として会計処理（差額はリース料の受取）

　また，顧客の要求により取引価格よりも低い価格で買い戻す義務（プット・オプションの売建）を売手が負っており，顧客が権利行使する重大な経済的インセンティブを有する場合，IAS第17号に従い，リース取引として会計処理す

ることが定められている（IFRS第15号B70項および設例62）。

(9) その他の論点【意見募集論点13から15】

収益認識意見募集における論点のうち，収益の表示および開示に関する論点【意見募集論点13から15】については，税務上の課税所得へ影響を及ぼさないが，以下，概要をみていくことにしたい。なお，契約コスト【意見募集論点16】については，第3章 1 (5)でみていくこととする。

① 本人か代理人かの検討（総額表示または純額表示）

収益認識意見募集第139項から第142項より，日本基準では，ソフトウェア取引について総額表示が適切でない場合の定め（ソフトウェア実務対応4）を除き，一般的な総額表示と純額表示の定めはないものの，IFRS第15号では，詳細な定めがある。

IFRS第15号では，企業が本人であることを示す指標が以下のとおり，例示されており，本人に該当すると判断された場合には，収益を総額で認識し，そうではない場合，代理人に該当し，収益を純額で計上することとなる（IFRS第15号B34項からB37項）。

> ・企業が，財・サービスの提供を履行する主たる責任を有していること
> ・在庫リスクを有していること
> ・財・サービスの価格の設定について裁量権があること

具体的事例として，収益認識意見募集では，百貨店・総合スーパー等のテナント売上いわゆる消化仕入等，棚卸業における取引が挙げられている。

② 第三者に代わって回収する金額（間接税等）

収益認識意見募集第148項および第149項より，日本基準では，消費税の会計処理を除き，間接税等を収益から除くか否かの定めはないが，IFRS第15号で

は，第三者に代わって回収するものと判断された金額を取引価格（収益）から除くこととされている（IFRS第15号第47項）。

具体的事例として，収益認識意見募集では，たばこ税，揮発油税，酒税が挙げられている。

③ 顧客に支払われる対価の表示

収益認識意見募集第155項から第157項より，日本基準では，顧客への支払（リベートやクーポンなど）の表示について一般的な定めはないため，収益から除くか営業費用とされているものの，IFRS第15号では，取引価格（収益）から減額されることが定められている（IFRS第15号第70項）。

具体的事例として，収益認識意見募集では，クーポンを使用する場合の表示，売上リベートの表示が挙げられている。

 過年度遡及(その1) 正当な理由による変更・会計基準等の改正

　企業会計基準委員会（ASBJ）では，収益認識に関する会計基準の開発を進めているため，将来，収益認識に関する新たな会計基準等が公表されるものと考えられる。
　会計基準等が改正される場合，会計基準等に従って，新たな会計方針を適用する必要がある。また，会計基準等が改正されていない場合であっても，正当な理由による会計方針の変更も認められている。
　このように会計方針を変更する場合の取扱いについては，「会計上の変更及び誤謬の訂正に関する会計基準」第5項および第6項において，次のとおり定められている。

【会計基準等の改正に伴う会計方針の変更】
・会計基準等に特定の経過的な取扱いが定められていない場合には，新たな会計方針を過去の期間のすべてに遡及適用する。

・表示期間より前の期間に関する遡及適用による累積的影響額は，表示する財務諸表のうち，最も古い期間の期首の資産，負債及び純資産の額に反映する。

【正当な理由による会計方針の変更】（会計基準等の改正に伴うものを除く）
・新たな会計方針を過去の期間のすべてに遡及適用する。
・表示期間より前の期間に関する遡及適用による累積的影響額は，表示する財務諸表のうち，最も古い期間の期首の資産，負債及び純資産の額に反映する。

このように，新たな会計方針を過去の期間のすべてに遡及適用する場合があるが，例えば，当期の財務諸表の数値に併せて前期の数値が表示されている場合，表示期間とは前期および当期の数値のことを意味しており，最も古い期間とは，前期の数値のことを意味するため，前々期以前に関する累積的影響額は，前期の数値における期首に反映されることとなる。

例えば，連結財務諸表上，収益認識に関する会計方針について，会計方針を変更し，過去の期間のすべてに遡及適用することになったものとする。この場合，有価証券報告書では，すでに公表された前期の数値についても，新たな会計方針に基づいて修正された数値にて，当期の数値に併せて表示することになる。

この場合，前々期以前についても遡及適用されることから，前回の有価証券報告書における利益剰余金の期末残高と，今回の有価証券報告書における利益剰余金の期首残高とに差額が生じる。当該差額については，次のとおり，連結株主資本計算書上，「会計方針の変更による累積的影響額」として表示することとなる。

（有価証券報告書の抜粋）
連結株主資本等変動計算書の抜粋

	資本金	資本剰余金	利益剰余金	自己株式	株主資本合計	その他の包括利益累計額	新株予約権	非支配株主持分	純資産合計
前連結会計年度									
当期首残高	XX	XX	2,700	△XX	XXX	XX	XX	XX	XXX

会計方針の変更による累積的影響額			100						
遡及処理後当期首残高			2,800						
親会社株主に帰属する当期純利益			210						
当期末残高	XX	XX	3,010	△XX	XXX	XX	XX	XX	XXX
当連結会計年度									
当期首残高	XX	XX	3,010	△XX	XXX	XX	XX	XX	XXX
親会社株主に帰属する当期純利益			200						
当期末残高	XX	XX	3,210	△XX	XXX	XX	XX	XX	XXX

 次に,連結計算書類の場合,有価証券報告書とは異なり,前期の数値は表示されていないため,前期以前において遡及適用されたことによる累積的影響額が,次のとおり,連結株主資本計算書上,「会計方針の変更による累積的影響額」として表示することとなる。

(連結計算書類の抜粋)
連結株主資本等変動計算書の抜粋

	資本金	資本剰余金	利益剰余金	自己株式	株主資本合計	その他の包括利益累計額	新株予約権	非支配株主持分	純資産合計
当連結会計年度									
当期首残高	XX	XX	2,890	△XX	XXX	XX	XX	XX	XXX

会計方針の変更による累積的影響額			120						
遡及処理後当期首残高			3,010						
親会社株主に帰属する当期純利益			200						
当期末残高	xx	xx	3,210	△xx	xxx	xx	xx	xx	xxx

2 法人税法・法人税基本通達における収益の計上基準

(1) 引渡基準・履行期到来基準

【引渡基準】

　棚卸資産の販売による収益の計上時期（益金の算入時期）について，法人税基本通達は，次のように定めている。

> **【法人税基本通達】**
> （棚卸資産の販売による収益の帰属の時期）
> 2-1-1　棚卸資産の販売による収益の額は，その引渡しがあった日の属する事業年度の益金の額に算入する。

　この定めは，企業会計原則第二の三Ｂ（いわゆる実現主義）と同様の趣旨によるものとされている（大澤・前掲100頁）。

　問題は，「その引渡しがあった日」の判定であるが，この点について，法人税基本通達は，さらに，次のように定めている。

【法人税基本通達】
(棚卸資産の引渡しの日の判定①)
2-1-2の前段
　2-1-1の場合において，棚卸資産の引渡しの日がいつであるかについては，例えば出荷した日，相手方が検収した日，相手方において使用収益ができることとなった日，検針等により販売数量を確認した日等当該棚卸資産の種類及び性質，その販売に係る契約の内容等に応じその引渡しの日として合理的であると認められる日のうち法人が継続してその収益計上を行うこととしている日によるものとする。

　これは，特定の時期に収益を計上することを強制するのではなく，出荷基準，検収基準，使用収益開始基準，検針日基準など，企業会計において採用されている諸基準を例示したうえで，継続的な適用を条件に，取引の実情に応じて合理的な基準を選択することを認めたものである。したがって，IFRS第15号の下で許容される基準も継続的な適用があれば，許容される可能性が高いといえる。
　そして，各基準の選択にあたっては，個々の取引の実情に応じて，異なる基準を採用することも可能であり，すべての取引に関して，同一の基準を採用しなければならないものではないとされている（大澤・前掲）。
　ただし，棚卸資産が土地または土地の上に存する権利の場合については，次のような定めも置かれている。

【法人税基本通達】
(棚卸資産の引渡しの日の判定②)
2-1-2の後段
　この場合において，当該棚卸資産が土地又は土地の上に存する権利であり，その引渡しの日がいつであるかが明らかでないときは，次に掲げる日のうちいずれか早い日にその引渡しがあったものとすることができる。
　(1)　代金の相当部分（おおむね50％以上）を収受するに至った日
　(2)　所有権移転登記の申請（その登記の申請に必要な書類の相手方への交付を含む。）をした日

これは，棚卸資産が土地または土地の上に存する権利については，引渡しの日が明らかでない場合があるとして，一種の形式基準を認めたものとされている（大澤・前掲）。

注意が必要なのは，ここでいう「引渡しの日が明らかでない場合」の意義である。文言上は特段の制限が付されていないが，課税当局の関係者の解説によれば，山林，原野のような土地の販売など，その引渡しの日が明らかとならない特殊な販売を想定しており，通常の不動産の販売には適用されないとされている（大澤・前掲）。

いずれにせよ，法人税基本通達の定めは，企業会計における収益の計上基準に準拠することを想定しており，民法に定める「引渡し」（現実の引渡し，簡易の引渡し，占有改定，指図による占有移転）に準拠することを想定していないようである。

また，判例がたびたび言及する「権利確定主義」（「その収入すべき権利が確定したときの属する年度の益金に計上すべき」）についても，これを採用していることをうかがわせるような文言はない。

> 図表2-2-1　法人税基本通達の考え方

> 原則＝継続適用を条件に，出荷基準など企業会計の各基準を許容
> 例外＝形式基準（山林等の特殊な不動産の販売に限定？）
> 　★「収入すべき権利」には着目していない？

他方，引渡しは完了したものの，事業年度末までに販売代金の額が確定していない場合には，事業年度末の現況により，見積り計上をすることとされている。そして，販売額が確定し，見積金額と差額が生じることが明らかになった時点で，過年度の遡及修正ではなく，当期に損益を計上しなければならない。

【法人税基本通達】
(販売代金の額が確定していない場合の見積り)
2-1-4　法人がその販売に係る棚卸資産を引き渡した場合において，その引渡しの日の属する事業年度終了の日までにその販売代金の額が確定していないときは，同日の現況によりその金額を適正に見積るものとする。この場合において，その後確定した販売代金の額が見積額と異なるときは，その差額は，その確定した日の属する事業年度（その事業年度が連結事業年度に該当する場合には，当該連結事業年度）の益金の額又は損金の額に算入する。

【履行期到来基準】

　また，長期割賦販売の収益の計上時期については，通達ではなくて，法人税法が特に規定を設けている。

【法人税法】
(長期割賦販売等に係る収益及び費用の帰属事業年度)
第63条　内国法人が，長期割賦販売等に該当する資産の販売若しくは譲渡，工事（製造を含む。）の請負又は役務の提供（略）をした場合において，その資産の販売等に係る収益の額及び費用の額につき，その資産の販売等に係る目的物又は役務の引渡し又は提供の日の属する事業年度以後の各事業年度の確定した決算において政令で定める延払基準の方法により経理したときは，その経理した収益の額及び費用の額は，当該各事業年度の所得の金額の計算上，益金の額及び損金の額に算入する。ただし，当該資産の販売等に係る収益の額及び費用の額につき，同日の属する事業年度後のいずれかの事業年度の確定した決算において当該延払基準の方法により経理しなかつた場合又は第3項若しくは第4項の規定の適用を受けた場合は，その経理しなかつた決算に係る事業年度後又はこれらの規定の適用を受けた事業年度後の事業年度については，この限りでない。

　これは代金の回収が長期間にわたる割賦販売（法人税法63条6項，法人税法施行令127条）について，原則どおり引渡しの日に代金税額について収益の計上を求めることは，納税資金の観点からして，酷であることから，特に延払基準の適用を認めるという趣旨である（金子宏『租税法（第21版）』（2016）329頁）。

図表2-2-2　長期割賦販売等の要件

① 月賦，年賦その他の賦払の方法により3回以上に分割して対価の支払を受けること
② その資産の販売等に係る目的物又は役務の引渡し又は提供の期日の翌日から最後の賦払金の支払の期日までの期間が2年以上であること
③ 当該契約において定められているその資産の販売等の目的物の引渡しの期日までに支払の期日の到来する賦払金の額の合計額がその資産の販売等の対価の額の3分の2以下となっていること

　ここでいう，「政令で定める延払基準」においては，現実に支払いがあった対価の額ではなくて，支払期日が到来した対価の額とされている（回収基準ではなく，履行期到来基準：法人税法施行令124条）。この点は注意が必要である。

図表2-2-3　延払基準の内容

当期に計上すべき収益の額＝対価の額×賦払金割合
賦払金割合＝当期に支払期日が到来する額＊／対価の額［履行期到来基準］
　　＊支払期日前に支払われたものを除く

　この延払基準（履行期到来基準）を適用するためには，確定した決算で延払基準により収益を計上することが必要である。これは，長期割賦販売等について，納税者に引渡基準と延払基準の選択を認める趣旨であるとされている（吉牟田・前掲100頁）。この選択は，個々の資産ごとに行うことができる（法人税基本通達2-4-5参照）。そして，延払基準を採用した後に，その決算処理を行わなかった場合には，決算処理を行わなかった事業年度において，未計上となっている対価の額をすべて収益に計上しなければならない（法人税法施行令125条1項）。

　長期割賦販売等における賦払期間中の利息の処理については，法人税基本通達に次の定めがあるが，「明確，かつ，合理的に区分」にされていることを条

件に，利息相当部分を，資産の販売代金と区別して収益計上することを認める趣旨であって，この取扱いを強制しているわけではない。

> 【法人税基本通達】
> （長期割賦販売等に係る収益の額に含めないことができる利息相当部分）
> 2-4-11　法人が法第63条第1項《略》に規定する長期割賦販売等（略）に該当する資産の販売等を行った場合において，当該長期割賦販売等に係る契約により<u>販売代価と賦払期間中の利息に相当する金額とが明確，かつ，合理的に区分されているときは</u>，当該利息相当額を当該長期割賦販売等に係る収益の額に<u>含めないことができる</u>ことに留意する。
> 　（略）

　ここで「合理的」との条件を付した趣旨は，長期割賦販売等に係る収益の額と区分して経理することができる金額を，一般に利息として認められる部分に限定するところにあり，元利均等方式や元金均等方式のいわゆる残債方式やアドオン方式のように一般的に行われている計算方式であることが必要だとされている（大澤・前掲347頁）。

　なお，IFRS等15号では，割賦金の回収期限到来日については認められないことから，法人税法上の履行期到来基準も，その是非が検討される可能性がある。

(2) 機械設備販売の据付工事，ソフトウェア販売のインストール

　機械設備等を販売する際に，あわせて据付工事を請け負うことがある。法人税基本通達は，そのような場合の収益の計上時期について，次のとおり定めている。

> 【法人税基本通達】
> （機械設備等の販売に伴い据付工事を行った場合の収益の帰属時期の特例）
> 2-1-10　法人が機械設備等の販売（略）をしたことに伴いその<u>据付工事</u>を行った場合において，その<u>据付工事が相当の規模</u>のものであり，その<u>据付工事に係る対価の額</u>を契約その他に基づいて合理的に<u>区分</u>することができるときは，機械設

> 備等に係る販売代金の額と据付工事に係る対価の額とを区分して，それぞれにつき2-1-1又は2-1-5により収益計上を行うことができるものとする。
> （注）法人がこの取扱いによらない場合には，据付工事に係る対価の額を含む全体の販売代金の額について2-1-1による。

　これは，据付工事が機械設備等の販売に伴う附帯サービスとはいいがたい場合には，据付工事と機械設備等の販売とを区分することが合理的であることから，区分経理を条件に，それぞれ別に収益を計上することを認めたものである。区分経理を条件としたのは，法人に選択する余地を認める趣旨である（大澤・前掲109頁）。

　区分経理を行わない場合は，据付工事の対価部分を含めて，一括して，物品販売として収益を計上することになる。

図表2-2-4　法人税基本通達における機械設備販売の据付工事の取扱い

・原則：機械設備等の販売と据付工事を一体不可分の取引として処理
・例外：以下の条件を満たすときは，両者を区分して処理
　① 据付工事が相当の規模である
　② 据付工事の対価の額を契約その他に基づいて合理的に区分できる
　③ 区分経理をしている

　他方，ソフトウェア販売取引におけるインストールに関しては，法人税基本通達にも，特段の定めは置かれていないが，上記の取扱いが妥当すると考えられる。

(3) 契約の変更

　棚卸資産の販売取引の契約の変更に関しては，法人税基本通達にも，特段の定めは置かれていない。

(4) ポイント・値引券

法人税法上，計上が認められている引当金は，貸倒引当金（法人税法52条）と返品調整引当金（53条）のみであり，それ以外に引当金を計上することは認められていない。したがって，ポイント・値引券付で販売した場合でも，法人税法上は，引当金を計上することは認められない。

ポイント・値引券に関する費用の計上時期（損金算入時期）に関しては，法人税基本通達が，次のとおり定めている。

【法人税基本通達】
（金品引換券付販売に要する費用）
9－7－2　法人が商品等の<u>金品引換券付販売</u>により<u>金品引換券と引換えに金銭又は物品を交付すること</u>としている場合には，<u>その金銭又は物品の代価に相当する額</u>は，<u>その引き換えた日</u>の属する事業年度の損金の額に算入する。

いわゆるポイント制度が，この「金品引換券付販売」に該当するとした場合であっても，金品引換券を発行した時点（ポイント付与の時点）では費用として計上せず，金品等引換券を行使した時点（ポイント行使の時点）で，費用として計上するということである。

ただし，次のような場合は，金品引換券を発行した時点（ポイント付与の時点）で，費用として計上することが認められている。

【法人税基本通達】
（金品引換費用の未払金の計上）
9－7－3　法人が商品等の<u>金品引換券付販売</u>をした場合において，その<u>金品引換券が販売価額又は販売数量に応ずる点数等で表示されて</u>おり，かつ，<u>たとえ1枚の呈示があっても金銭又は物品と引き換えることとしているもの</u>であるときは，9－7－2にかかわらず，次の算式により計算した金額をその販売の日の属する事業年度において損金経理により未払金に計上することができる。
（算式）

> 1枚又は1点について交付する金銭の額×その事業年度において発行した枚数又は点数

　これは，直ちに金銭または物品等を引き換えることができる金品引換券（ポイント）であれば，その性質上，一種の確定債務といえることから，未払金計上を認めるという趣旨である（大澤・前掲929頁）。
　ただし，ここで未払金の計上が認められているのは，呈示があれば金品または物品を引き換える「金品引換券」に限られており，顧客による商品の再購入を条件とする「値引券」は，対象としていない。各社のポイント制度が，「金品引換券」，「値引券」いずれに該当するのかは，それぞれのポイント制度の定め方によることになる。

(5) 売上変動リベート・仮価格（変動対価）

　リベート等の売上割戻しについては，法人税基本通達が，次のとおり定めている。

> 【法人税基本通達】
> （売上割戻しの計上時期）
> 2-5-1　販売した棚卸資産に係る売上割戻しの金額の計上の時期は，次の区分に応じ，次に掲げる事業年度とする。（略）
> (1) その算定基準が販売価額又は販売数量によっており，かつ，その算定基準が契約その他の方法により相手方に明示されている売上割戻し　販売した日の属する事業年度。ただし，法人が継続して売上割戻しの金額の通知又は支払をした日の属する事業年度に計上することとしている場合には，これを認める。
> (2) (1)に該当しない売上割戻し　その売上割戻しの金額の通知又は支払をした日の属する事業年度。ただし，各事業年度終了の日までに，その販売した棚卸資産について売上割戻しを支払うこと及びその売上割戻しの算定基準が内部的に決定されている場合において，法人がその基準により計算した金額を当該事業年度の未払金として計上するとともに確定申告書の提出期限（略）までに相手方に通知したときは，継続適用を条件としてこれを認める。

これは，売上割戻し（リベート）の算定基準が販売価額又は数量によっており，かつ，その算定基準が契約その他の方法によって相手方に明示されている場合には，相手方がその金額を知り得る状態にあるから，販売した時点で，売上割戻し（リベート）についての債務が確定しているとの考え方に基づいている（大澤・前掲365頁）。

　ただし，継続性さえ確保できれば，利益調整のおそれが少ないとして，本来，販売時点で計上すべき場合であっても継続適用を条件に，通知日または支払日に計上することも認められている（大澤・前掲365頁）。

　それ以外の場合は，売上の都度に債務が確定しないことから，通知日または支払日に，売上割戻し（リベート）の額を費用計上することになる。さらに，確定申告書の提出期限までに通知をすれば，内部的に売上割戻し（リベート）の支払または算定基準を決定した時点で，売上割戻し（リベート）の額を未払金として計上することも許容されている。

　なお，売上割戻し（リベート）の額の計上方法として，売上高から控除する方法と，営業外費用（損金）として計上する方法とがあるが，法人税基本通達では，これをいずれかに強制することはされず，継続しているのであれば，いずれの方法をも採用できるとされている（大澤・前掲366頁）。

(6)　返品調整引当金

　棚卸資産の販売による収益の計上時期（益金の算入時期）は，引渡日であり（法人税基本通達2-1-1），その後，返品があったとしても，計上された収益は修正せずに，返品があった日の属する事業年度において，損失を認識することとされている（同2-2-16）。

　しかし，常に一定の返品が予想される業種に限って，法人税法は，次のとおり返品調整引当金を繰り入れることを認めている（法人税法53条）。

【法人税法】
（返品調整引当金）

> 第53条　内国法人で出版業その他の政令で定める事業（以下この条において「対象事業」という。）を営むもののうち，常時，その販売する当該対象事業に係る棚卸資産の大部分につき，当該販売の際の価額による買戻しに係る特約その他の政令で定める特約を結んでいるものが，当該棚卸資産の当該特約に基づく買戻しによる損失の見込額として，各事業年度（略）終了の時において損金経理により返品調整引当金勘定に繰り入れた金額については，当該繰り入れた金額のうち，最近における当該対象事業に係る棚卸資産の当該特約に基づく買戻しの実績を基礎として政令で定めるところにより計算した金額（略）に達するまでの金額は，当該事業年度の所得の金額の計算上，損金の額に算入する。

　出版業等では，買戻しの特約付で販売し，これを販売店に保有させておき，一定期間後にその売残りを買い戻すという形態がとられている。このような形態においては，販売時点での売上が最終的な収益をあらわしていないが，委託販売にように，販売店が販売した時点で収益を計上することも（法人税基本通達2-1-3），また実状にそぐわないので，収益の計上基準としては，引渡日基準を維持したうえで，別途，返品調整引当金の繰入れを認めたものである。
　このような趣旨なので，返品調整引当金を繰り入れることができる業種は，限定されている（法人税法施行令99条）。

図表2-2-5　返品等引当金を計上することができる業種

・出版業
・出版にかかる取次業
・医薬品（医薬部外品を含む。），農薬，化粧品，既製服，蓄音機用レコード，磁気音声再生機用レコード又はデジタル式の音声再生機用レコードの製造業
・上記医薬品等の卸売業

　また，返品調整引当金を繰り入れるために必要な特約とは，次のようなものを指す（法人税法施行令100条）。

> ・販売先からの求めに応じ，その販売したたな卸資産を当初の販売価額によって無条件に買い戻すこと
> ・販売先において，たな卸資産の送付を受けた場合にその注文によるものかどうかを問わずこれを購入すること

なお，法人税法上，返品調整引当金（及び貸倒引当金）以外に引当金の計上が認められていないから，追加的な財・サービスに関し，引当金は計上できない。また，債務確定主義（法人税法22条3項2号）から，負債としての計上も困難であろう。

(7) 商品引換券等の発行に係る商品の販売

あらかじめプリペイドカードなどを発行したうえで，商品の販売の際に，当該カードを利用して，対価の支払いに替えることがある。

法人税基本通達は，そのような場合の収益の計上時期について，次のとおり定めている。

> 【法人税基本通達】
> （商品引換券等の発行に係る収益の帰属の時期）
> 2-1-39　法人が商品の引渡し又は役務の提供（略）を約した証券等（略）を発行するとともにその対価を受領した場合における当該対価の額は，その<u>商品引換券等を発行した日の属する事業年度の益金の額に算入する。</u>ただし，法人が，商品引換券等（<u>その発行に係る事業年度ごとに区分して管理するものに限る。</u>）の発行に係る対価の額をその商品の引渡し等（略）に応じてその<u>商品の引渡し等のあった日の属する事業年度の収益に計上</u>し，その発行に係る<u>事業年度（略）終了の日の翌日から3年を経過した日（同日前に有効期限が到来するものについては，その有効期限の翌日とする。）</u>の属する事業年度終了の時において商品の引渡し等を了していない商品引換券等に係る対価の額を当該事業年度の収益に計上することにつきあらかじめ所轄税務署長（略）の確認を受けるとともに，その確認を受けたところにより継続して収益計上を行っている場合には，この限りでない。

企業会計においては，発行時には「商品券」と計上され，収益は計上されない。しかし，法人税基本通達においては，商品の引渡時点まで収益を計上しないと，客観的に引換えがされないであろうと認められるものであっても預り金処理されることになり，税務上弊害が生じるとして，商品引換券等を発行した日に収益を計上することとされている（大澤・前掲179頁。このような，企業会計と異なる取扱いに対して批判的な見解もある。武田昌輔「商品券等の収益計上基準」『税務会計論文集』（初出1990））。

ただし，短期間に商品との引換えが行われる場合には，税務上も弊害がないので，その発行年度の翌期首から3年を経過した日に，引換え未了の商品引換券等に対応する部分について収益を計上することを条件に，引換え時に収益を計上することが認められている（大澤・前掲180頁。区分経理，継続適用，所轄税務署長の確認が必要）。

図表2-2-6　法人税基本通達のただし書方式

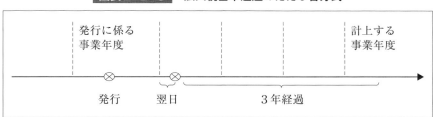

(8) 買戻条件付売買

前述のとおり，買戻（返品）条件付売買は，原則として，引渡基準で収益を計上し，ごく限られた業種においてのみ，返品調整等引当金の繰入れが認められるにすぎない。

ただし，特に固定資産に係る買戻（返品）条件付売買のうち，実質担保と評価できるものについては，譲渡はなかったものとして，取り扱うことになる。

> 【法人税基本通達】
> (固定資産を譲渡担保に供した場合)
> 2-1-18　法人が債務の弁済の担保としてその有する固定資産を譲渡した場合において，その契約書に次の全ての事項を明らかにし，自己の固定資産として経理しているときは，その譲渡はなかったものとして取り扱う。この場合において，その後その要件のいずれかを欠くに至ったとき又は債務不履行のためその弁済に充てられたときは，これらの事実の生じたときにおいて譲渡があったものとして取り扱う。(略)
> (1)　当該担保に係る固定資産を当該法人が従来どおり使用収益すること。
> (2)　通常支払うと認められる当該債務に係る利子又はこれに相当する使用料の支払に関する定めがあること。
> (注)　形式上買戻条件付譲渡又は再売買の予約とされているものであっても，上記のような条件を具備しているものは，譲渡担保に該当する。

　このような取扱いは，固定資産の譲渡担保に限って適用があることおよび債権者に目的物の占有を移してしまうものは対象外とされている（大澤・前掲123頁）。

(9)　その他（短期売買商品の譲渡）

　短期売買商品（金，銀，プラチナ，パラジウムなどが典型）の譲渡による収益の計上時期については，法人税法が特に規定を設けている。

> 【法律の規定】
> (短期売買商品の譲渡損益及び時価評価損益の益金又は損金算入)
> 第61条　内国法人が短期売買商品（短期的な価格の変動を利用して利益を得る目的で取得した資産として政令で定めるもの（有価証券を除く。）をいう。以下この条において同じ。）の譲渡をした場合には，その譲渡に係る譲渡利益額（第1号に掲げる金額が第2号に掲げる金額を超える場合におけるその超える部分の金額をいう。）又は譲渡損失額（同号に掲げる金額が第1号に掲げる金額を超える場合におけるその超える部分の金額をいう。）は，第62条から第62条の5まで（合併等による資産の譲渡）の規定の適用がある場合を除き，その譲渡に係る契約をした日の属する事業年度の所得の金額の計算上，益金の額又は損金の額に算入する。

> 一　その短期売買商品の譲渡に係る対価の額
> 二　その短期売買商品の譲渡に係る原価の額（その短期売買商品についてその内国法人が選定した一単位当たりの帳簿価額の算出の方法により算出した金額）
> （略）

　これは，法人税においても，「棚卸資産の評価に関する会計処理の基準」（企業会計基準第9号）と同様，トレーディング目的で保有する棚卸資産に関して，金融商品と同様の取扱いをすることを目的としている（「平成19年度税制改正の解説」350頁）。

　企業会計の実務では，期中は受渡基準により処理し，決算日に約定済みで未引渡になっているもののみを処理することも認められている（金融商品会計実務指針235項：修正受渡基準）が，法人税法61条には，これに対応する規定はない。ただ，法人税基本通達において，譲渡・取得の双方での継続適用を条件に，修正受渡基準が認められている。

> 【通達の定め】
> （短期売買商品の譲渡による損益の計上時期の特例）
> 2－1－21の2　短期売買商品（略）の譲渡損益の額（略）は，原則として譲渡に係る契約の成立した日に計上しなければならないのであるが，法人が当該譲渡損益の額（事業年度終了の日において未引渡しとなっている短期売買商品に係る譲渡損益の額を除く。）をその短期売買商品の引渡しのあった日に計上している場合には，これを認める。（略）
> （注）
> 　1　短期売買商品の取得についても，原則として取得に係る契約の成立した日に取得したものとしなければならないのであるが，その引渡しのあった日に取得したものとして経理処理をしている場合には，事業年度終了の日において未引渡しとなっている短期売買商品を除き，本文の譲渡の場合と同様に取り扱う。この場合，令第118条の6第1項《略》の規定の適用についても同様とする。
> 　2　本文及び（注）1の取扱いは，譲渡及び取得のいずれについてもこれらの取扱いを適用している場合に限り，継続適用を条件として認めるものとする。

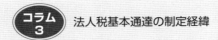
コラム3　法人税基本通達の制定経緯

　前述のとおり，収益計上時期に関しては，法人税基本通達が機能する部分が大きいが，法人税基本通達は，どのような経緯で，制定されたのであろうか。

【昭和44年制定】

　現行の法人税基本通達は，昭和40年3月の法人税法の全文改正を受けて，昭和44年7月に制定されたものである。それ以前にも，昭和25年の法人税法の全文改正にともなって制定された「法人税基本通達」（旧法人税基本通達）が存在していた。しかし，法改正のたびに別途改正法通達が制定されていたため，法人税基本通達のほかに，多数の法人税関係通達が混在する，煩雑でわかりにくい仕組みになっていた。そこで，混在する法人税関係通達を整備統合して，わかりやすい仕組みを構築するために制定されたのが，現行の法人税基本通達である。

　このような制定の経緯もあり，法人税基本通達に個別の定めを設けるに当たっては確認的事項の簡素化という方針が採用された。特に，昭和42年の改正で，法人税法22条4項に，「一般に公正妥当と認められる会計処理の基準に従って計算される」旨が規定されたことから，会計に関する定めは法人税基本通達からできるかぎり削除するとの方針が採られた（川村博太郎（当時，国税庁直税部長）「法人税基本通達の改正について」租税研究238号（1969）13頁）。このような考え方は，その前文で，「適正な企業会計慣行を尊重」，「適正な企業会計慣行が成熟していると認められる事項については，企業経理にゆだねることとして規定化を差し控える」などと述べられていることからもうかがわれる。

【昭和55年抜本改正】

　しかし，法人税関係通達の定めを簡素化して，内容をスリムにした結果，調査担当者によって取扱いに差異が生じるなど，執行実務において混乱が生じることとなった。そこで，昭和54年から数年にわたって，税務当局の考え方を法人税基本通達上明らかにするとの方針の下，法人税基本通達が抜本的に改正された。収益の計上時期に関する定めの多くも昭和55年の通達改正によって，導入されたものである（昭55直法2-8）。しかし，それでも，税務当局の考え方を一方的に振りかざすというのではなくて，あくまでも，現実の経済取引や経理処理の実態に即して，税法の意図するところを明らかにする趣旨であり，原則を中心として現実に許容される幅を例示することによって弾力的な対応をする趣旨とされている（四元俊明・渡辺淑夫「法人税基本通達等の一部改正について」租税研究363

巻（1980）14頁）。そのため昭和55年の改正で追加された収益の計上時期に関する定めについても，「例えば」，「認める」など，弾力的な対応が可能となるような定め方となっている。

【今後の見通し】

　その後，金融商品会計基準やリース取引に関する会計基準の導入など，企業会計上の取扱いの変更にともなって，法人税法本体の改正と併せて，法人税基本通達も改正が加えられてきたが，収益の計上時期に関する基本的な部分に関しては，昭和55年の改正によって導入された定めが変更されることなく，そのまま残っている。このように，法人税法，法人税基本通達に，それぞれ，どのような事項を定めるかについても，時代によって，考え方が異なる。IFRS第15号が個別財務諸表に適用されることになった場合，果たして，どのようにしてその許容範囲を明らかにするのであろうか。法人税法本体を改正するのであろうか，それとも，法人税基本通達の改正で済ませるのかであろうか。

３　法人税法における収益の計上基準に係る判決・裁決

(1) 法人税法における権利確定主義

　以上が法人税基本通達の考え方である。これに対して，判例は，法人税における収益の計上時期について，「権利確定主義」といわれる立場をとっている。

　権利確定主義とは，収益の計上は，実現の時点を基準とすべきであり，原則として，財貨の移転等によって，その対価に係る権利が確定した時点とする考え方である（金子・前掲327頁）。

　例えば，船荷証券が発行されている際の，商品の輸出取引に係る収益の計上時期が問題になった事例において，最高裁は，法人税における収益の計上基準に関して，次のとおり判示した（大竹貿易事件最高裁判決）。

> **【収益の計上基準】**
>
> （原則的な基準）
>   「ある収益をどの事業年度に計上すべきかは，一般に公正妥当と認められる会計処理の基準に従うべきであり，これによれば，<u>収益は，その実現があった時，</u>すなわち，その収入すべき権利が確定したときの属する年度の益金に計上すべきものと考えられる。」
>
> （許容される基準）
>   「もっとも，法人税法22条4項は，現に法人のした利益計算が法人税法の企図する公平な所得計算という要請に反するものでない限り，課税所得の計算上もこれを是認するのが相当であるとの見地から，収益を一般に公正妥当と認められる会計処理の基準に従って計上すべきものと定めたものと解されるから，<u>右の権利の確定時期に関する会計処理を，法律上どの時点で権利の行使が可能となるかという基準を唯一の基準としてしなければならないとするのは相当でなく，取引の経済的実態からみて合理的なものとみられる収益計上の基準の中から，当該法人が特定の基準を選択し，継続してその基準によって収益を計上している場合には，法人税法上も右会計処理を正当なものとして是認すべきである。</u>」
>
> （許容の限界）
>   「しかし，<u>その権利の実現が未確定であるにもかかわらずこれを収益に計上したり，既に確定した収入すべき権利を現金の回収を待って収益に計上するなどの会計処理は，一般に公正妥当と認められる会計処理の基準に適合するものとは認め難い</u>ものというべきである。」（下線は筆者。以下の引用も同様）

　大竹貿易事件最高裁判決は，実現主義（「収益は，その実現があったとき」）が，「権利確定主義」（その収入すべき権利が確定したとき）と同義であるとし，法人税法でも「権利確定主義」が妥当するとした。そして，そこでいう「権利の確定」とは，法律上権利の行使が可能となったかどうかを意味するとした。
　その上で，「権利の確定」が唯一の基準ではなく，取引の経済的実態からみて合理的なものと認められる収益計上の基準が複数あることを前提に，法人が，継続適用を条件として，その中からその1つを選択することができるとした。

ただ,権利確定主義との関係で,その選択にも限界があることも示唆している。

図表2-3-1　大竹貿易事件最高裁判決の論理

・基本となる収益計上基準＝「実現主義」＝「権利確定主義」
・継続適用を条件に許容される収益計上基準（≠権利確定主義）
　　　　＝その経済的実態からみて合理的なものも許容
　　　（ただし,権利確定主義との関係で一定の限界？）

★収益の計上基準が複数存在しうることを前提としている！

このような判示を前提として,大竹貿易事件最高裁判決は,船荷証券が発行されている商品の輸出取引の収益の計上時期について,代金請求権の行使が可能となるかという観点から,課税当局が採用した船積日基準（船積が完了した時点で収益を計上）は,法人税の収益の計上基準として,合理的であるとした。

【船積基準】
(権利確定主義に基づく収益計上時期)
「法律上どの時点で代金請求権の行使が可能となるかという基準によってみるならば,買主に船荷証券を提供した時点において,商品の引渡しにより収入すべき権利が確定したものとして,その収益を計上するという会計処理が相当なものということになる。」

(経済実態に基づく収益計上時期)
「しかし,今日の輸出取引においては,既に商品の船積時点で,売買契約に基づく売主の引渡義務の履行は,実質的に完了したものとみられるとともに,前記のとおり,売主は,商品の船積みを完了すれば,その時点以降はいつでも,取引銀行に為替手形を買い取ってもらうことにより,売買代金相当額の回収を図り得るという実情にあるから,右船積時点において,売買契約による代金請求権が確定したものとみることができる。したがって,このような輸出取引の経済的実態からすると,船荷証券が発行されている場合でも,商品の船積時点において,その取引によって収入すべき権利が既に確定したものとして,これを収益に計上す

るという会計処理も，合理的なものというべきであり，一般に公正妥当と認められる会計処理の基準に適合するものということができる」

他方，納税者が採用していた為替取組日基準（為替手形の買取の時点に収益を計上）については，現実には回収基準と同様であるとして，法人税法上の収益計上基準として許容できないとした。

> 【為替取組日基準】
> 「上告人が採用している為替取組日基準は，右のように商品の船積みによって既に確定したものとみられる売買代金請求権を，為替手形を取引銀行に買い取ってもらうことにより現実に売買代金相当額を回収する時点まで待って，収益に計上するものであって，その収益計上時期を人為的に操作する余地を生じさせる点において，一般に公正妥当と認められる会計処理の基準に適合するものとはいえないというべきである。このような処理による企業の利益計算は，法人税法の企図する公平な所得計算の要請という観点からも是認し難いものといわざるを得ない。

以上のとおり，大竹貿易事件最高裁判決は，法人税における収益の計上基準として，「権利確定主義」が妥当することを明示し，さらに，一定の範囲で，企業が選択した経理処理の基準を尊重するとしつつ，法人税法において無制限に受容するのではなく，法人税法独自の観点から検討すべきことを示唆するものとなっている。

大竹貿易事件最高裁判決で示された「権利確定主義」に係る一般論は，後述するとおり，物品販売にかぎらず，その後の裁判例で広く引用されている。特に「法人税法の企図する公平な所得計算の要請という観点」を強調して，税法独自の収益計上基準を正当化する文脈で，引用されることも多い。

(2) 棚卸資産の販売取引

① 不動産の販売取引における収益の計上基準

棚卸資産の販売取引のなかでは，不動産の販売取引をめぐって，収益の計上時期が争われることが多い。

各裁判例で採用された収益の計上時期は，以下のとおり，必ずしも一致していないが，所有権移転登記手続またはその前段階としての登記手続に必要な書類の交付に着目することが多い（他方，金子・前掲327頁（注21）は，原則として契約の成立のときだとする）。

図表２-３-２　裁判例における不動産の販売取引に係る収益の計上時期

① 東京地裁昭和46年5月12日判決：所有権移転登記または引渡
② 東京高裁昭和56年4月8日判決：売買契約の成立時（4割の内金支払等あり）
③ 東京高裁昭和57年8月18日判決：引渡し（＝権利証等の交付，登記の経由）
④ 長崎地裁昭和58年2月18日判決：引渡し＝実質的な支配関係の変化（所有権移転登記手続，代金の支払）
⑤ 東京地裁平成9年10月27日判決（東京高裁平成10年7月1日判決も同旨）＝現実の支配の移転時

このうち，比較的最近の事例である東京高裁平成9年10月27日判決・行裁例集48巻7＝8号778頁（上記⑤）の判示内容を紹介する。

事案の概要は次のとおりである。

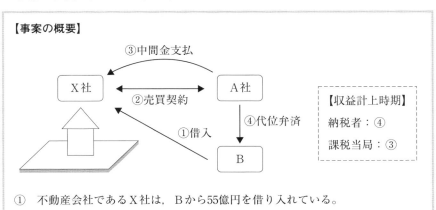

① 不動産会社であるX社は，Bから55億円を借り入れている。
　その際に，X社は，土地建物に抵当権を設定した。

② X社は，昭和62年9月1日，A社に，55億円で土地建物を売却した。その合意内容は，次のとおりである。
・手付金5億円（同日払い），中間金10億円（昭和62年9月11日期限）
・残代金40億円の支払後に引渡し及び所有権移転登記に応じる
・昭和62年9月11日後はA社が危険を負担。建物の賃料，固定資産税，水道料金もA社が負担
③ A社は，昭和62年9月1日に手付金を，同月11日に中間金を支払った。
④ A社は，昭和63年7月1日に，Bに対して，残代金40億円を代位弁済した。
⑤ なお，土地建物の登記移転書類はA社に交付されず，所有権の登記移転手続も行われていない。また，建物の鍵や建物の賃借人への通知もない。

　X社は，代位弁済のあった昭和63年7月に土地建物の販売に係る売上を計上すべきとしたところ，課税当局は，中間金の支払いのあった昭和62年9月に土地建物の販売に係る売上を計上すべきだとして，課税処分を行った。
　本判決（控訴審判決も同旨）は，法人税における収益の計上基準に関し，次のとおり述べた。

【収益の計上基準】
　「法人税における内国法人の各事業年度の所得の計算上，当該事業年度の益金又は損金の額に算入すべき金額は，一般に公正妥当と認められる会計処理の基準に従って計算するものとされており（法人税法22条4項），右の基準を明文化したといわれる企業会計原則は，その第2の3Bにおいて，『売上高は，実現主義の原則に従い，商品等の販売又は役務の給付によって実現したものに限る。』と規定している。そして，法人税基本通達2-1-1は，『たな卸資産の販売による収益の額は，その引渡しのあった日の属する事業年度の益金の額に算入する。』と定めているが，これは，右の一般に公正妥当と認められる会計基準に従い，たな卸資産（商品等）の販売による収益の計上時期について実現主義を採用し，その収益をいつ計上すべきかを具体的に示したものであって，法人税法22条4項の趣旨に適合するものとして是認することができる。
　右のとおり，不動産販売による売上げの計上時期については，実現主義によりその販売による収益が実現した時を基準とすべきであり，具体的には，右売上げ

は，当該不動産の引渡しがあった日の属する事業年度の益金の額に算入すべきである。」（下線は筆者。以下の引用も同様）

ここでは，「企業会計原則＝公正処理基準」との論理を介して，法人税基本通達の定めが法人税法上，正当であるとの結論が導かれている。この判示は，あくまで傍論であるが，「法律上どの時点で権利の行使が可能となるか」が原則的な収益計上時期であることを強調する大竹貿易事件最高裁判決と異なる。

図表２－３－３　本判決の論理

法人税法22条２項
「一般に公正妥当と認められる会計処理の基準」
↓
企業会計原則２の３Ｂ
実現主義
↓
法人税基本通達２－１－１

本判決は，さらに，不動産の販売取引に係る収益の計上時期に関して，次のとおり述べた。

【不動産取引に係る収益の計上時期】
「そして，不動産の取引の場合，代金の支払と同時に不動産の引渡し，所有権移転登記が行われ，取引が一時に完了し，したがって，引渡しの時点が客観的に明白な場合がある一方，諸般の事情から各契約当事者の給付が段階的に複数回に分けて行われ，外見上は引渡しがいつ行われ収益がいつ実現したか必ずしも明らかでない場合も生ずる」

「後者のような場合には，契約上買主に所有権がいつ移転するものとされているかということだけではなく，代金の支払に関する約定の内容及び実際の支払状況，登記関係書類や建物の鍵の引渡しの状況，危険負担の移転時期，当該不動産から生ずる果実の収受権や当該不動産に係る経費の負担の売主から買主への移転時期，所有権の移転登記の時期等の取引に関する諸事情を考慮し，当該不動産の

> 現実の支配がいつ移転したかを判断し，右現実の支配が移転した時期をもって当該不動産の引渡しがあったものと判断するのが相当である。」

ここでは，不動産の販売取引においては，引渡時期が明らかではないことがあるとして，そのようなときには，現実の支配がいつ移転したかにより収益を計上すべきとしている。

この判示については，不動産の販売取引においては引渡しの日が明らかでない場合があるとして，その場合に一定の基準により収益を計上することを許容する点で，法人税基本通達2-1-2後段と共通するところはある。

しかし，法人税基本通達2-1-2後段の定めが，形式的な基準を採用しているのに対して，本判決は，所有権の移転，代金の支払い，当該不動産に係る果実（賃料等）や費用の帰属などの諸要素を総合考慮すべきとした点で，異なる基準を採用している。

この法人税基本通達2-1-2後段との関係については，本判決は，次のとおりに述べた。

【通達後段との関係】
「法人税基本通達2-1-2後段は，当該たな卸資産が土地又は土地上の権利であり，その引渡しの日がいつであるか明らかでない場合は，代金の相当部分（おおむね50パーセント以上）を収受するに至った日又は所有権移転登記申請をした日のいずれか早い日にその引渡しがあったものとすることができる旨を定めているが，本件不動産の売買が抵当権付きの売買と同視し得ること，本件不動産の所有権移転登記は現在に至るも行われていないことからすれば，本件売買代金額から抵当権の被担保債権額を控除した残額15億円が支払われた昭和62年9月1日をもって引渡日と認定することは，右通達の趣旨にも沿うものというべきである。」

ここでは，法人税基本通達2-1-2後段の適用範囲を，山林や原野などの特殊な取引に限定するという考え方ではなく，通常の土地売買であっても，同通達の趣旨が及ぶことを（暗黙の）前提としたうえで，X社の手取代金がすでに全額が支払われていることに着目して，同通達の趣旨を実質的には満たしてい

るという考え方を採用している。

最後に，本判決は，本件では外形的には引渡しがいつ行われ右売買による収益がいつ実現したか必ずしも明らかではないとし，次のような論理で，中間金の支払時点で収益を計上すべきとの結論を導いた。

> 【現実の支配の移転時期】
> 「右（一），（二）の諸点を併せ考えると，昭和62年9月11日の時点では本件売買代金のうち約27パーセントに相当する15億円しか支払われていないものの，富士エステートと原告の間では，富士エステート（筆者注：A社）が本件不動産の代金額から抵当権の被担保債権額を差し引いた金額を支払ったことにより，本件不動産の現実の支配権を富士エステート（筆者注：A社）に移転する合意があったものと認めるのが相当である」
> （注）前記（一）（二）の諸点とは，
> （一）本件建物の賃貸料の収受，本件建物の電気，水道の利用料金，電気保安料，エレベーターの保守料の負担状況（いずれも昭和62年9月11日ころにA社に変更）
> （二）担保権分を控除した手取代金の収受時期，本件不動産に関する公租公課・費用の負担者の変更，危険負担の移転時期（いずれも昭和62年9月11日ころにA社に移転）

本判決の判示は，固定資産である土地の売却取引に係る収益の計上時期が争われた，近時の裁判例でも引用されている（東京地裁平成26年1月27日判決）。

不動産の販売取引に関しては，所有権移転時期，代金の支払方法，所有権移転登記手続のあり方が多様であり，取引の個別性が強い。したがって，これら要素が複雑に入り組んでいる場合には，本判決が参考になろう。

② 国際会計基準と公正処理基準

不動産の販売取引に係る収益の計上時期に関連して，国際会計基準（IAS）第18号第14項に定める準則が，法人税法上の公正処理基準に適合するか否かが争われた裁判例がある（東京地裁平成27年2月5日判決・公刊物未掲載）。

その事案の概要は，次のとおりである。

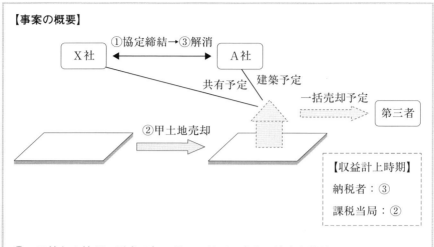

① X社とA社が，平成19年5月に，以下の内容の協定を締結した
 ・X社は甲土地をA社に販売する
 ・A社は甲土地上に賃貸用共同住宅を建設する
 ・A社が甲土地を，X社とA社が建物を，第三者に売却する
② X社は，平成19年5月に，A社との間で，甲土地の売買契約を締結し，当該契約に基づき，A社から売買代金を受領し，甲土地の所有権移転登記手続をした
③ X社は，平成20年8月に，A社との間の協定を解消した

　X社は，平成20年2月期にはA社から受領した売買代金を前受金として経理処理して売上を計上せず，協定が解消した平成21年2月期に売上を計上した。これに対して，課税当局は，A社から売買代金を受領した平成20年2月期に売上を計上すべきだとして，課税処分を行った。

　X社は，自らの主張の論拠として，IAS第18号第14項を援用し，①所有権移転後もX社が甲土地を維持管理していること，②甲土地上にA社と共同して住宅を建設して同一の譲受人に売却することを予定していること，③甲土地の価値変更に伴い生じる損益は納税者も負担することなどから，甲土地に関するリスクと経済的価値が他の者に移転していない，と主張した。そこで，訴訟手続

において、IAS第18号第14項が公正処理基準に合致するか否かが争われることになったわけである。

なお、本判決で認定されたIAS第18号第14項の内容は、次のとおりである。

図表2-3-4　本判決で認定されたIAS基準

> ① 物品の所有に伴う重要なリスク及び経済価値を企業が買手に移転したこと
> ② 販売された物品に対して、所有と通常結びづけられる程度の継続的な管理上の関与も実質的な支配も企業が保持していないこと
> ③ 収益の額を、信頼性をもって測定できること
> ④ その取引に関連する経済的便益が企業に流入する可能性が高いこと
> ⑤ その取引に関連して発生したまたは発生する原価を、信頼性をもって測定できること

まず、本判決は、次のように述べて、大竹貿易事件最高裁判決を引用して、公正処理基準の解釈として、権利確定主義が妥当するとした。

【収益の計上基準】

「法人税法上、内国法人の各事業年度の所得の金額の計算上当該事業年度の益金の額に算入すべき金額は、別段の定めがあるものを除き、資本等取引以外の取引に係る当該事業年度の収益の額とするものとされ（同法22条2項）、当該事業年度の収益の額は、一般に公正妥当と認められる会計処理の基準に従って計算すべきものとされている（同条4項）。したがって、ある収益をどの事業年度に計上すべきかについては、一般に公正妥当と認められる会計処理の基準（公正処理基準）に従うべきであり、これによれば、収益は、その実現があった時、すなわち、その収入すべき権利が確定したときの属する年度の益金に計上すべきものと解される（最高裁平成4年（行ツ）第45号同5年11月25日第一小法廷判決・民集47巻9号5278頁参照）。」（下線は筆者。以下の引用も同様）

その上で、本判決は、次のとおり判断して、代金受領日（＝所有権の移転登記手続が行われた日）に収益を計上すべきとした。この結論については、ほぼ異論がないところであろう。

> **【権利確定の時期】**
> 「これを本件についてみるに，X社は，平成19年5月22日，A社との間において，甲土地各売買契約書を締結し，同日，甲土地の売買代金18億5904万5000円（本件受領金）を受領した上，甲土地について売買を原因とする本件移転登記をしているのである（略）。これらの事実関係によれば，同日の時点において，X社のA社に対する甲土地各売買契約書に基づく代金支払請求権が確定していたことは明らかであり，実際に甲土地の売買代金（本件受領金）が支払われ，本件移転登記がされたことに照らしても，同日の時点において，本件甲土地取引による収益の実現があったというべきである。」

問題は，IAS第18号第14項と公正処理基準との関係である。本判決は，要旨，以下のような論理で仮にIAS第18号第14項に準拠したとしても，X社の経理処理は認められないと判示して，X社の主張を排斥した。

> **【IAS基準と公正処理基準との関係】**
> (ア) IAS基準①について
>   a X社が本件受領金（甲土地の譲渡対価）を全額取得して，本件移転登記もしている以上，甲土地の経済価値のすべてがX社からA社に移転したことは明らかである。なお，A社は，別途，甲土地各基本協定書を締結して，他の共同事業者の同意を得ることなく甲土地及び建物を処分しないことや，土地原価及び建物原価につき，第三者への売却時に年利2.56％の金利で精算することなどをX社と合意しているが，このことをもって，甲土地取引において，甲土地の経済価値がX社に留保されていると解することはできない。
>   b 甲土地各売買契約書は，甲土地の再実測により面積に差異が生じても売買代金の増減は請求しないこと（2条），X社が売買代金全額の支払を受けるのと同時に，甲土地をA社に引き渡すこと（4条），甲土地の引渡日以降は，甲土地の固定資産税等をA社の負担とすること（7条）などを定めているところ（略），A社が甲土地ないし甲土地取引について特段の義務を負担することを定めた規定も見当たらないことを併せ考えれば，甲土地取引において，甲土地の所有に伴うリスクがX社に留保されたものと解することはできない。
>
> (イ) IAS基準②について

甲土地の所有権は，前記検討のとおり，甲土地取引に伴い，X社からA社に移転したのであり，前記(ｱ)において検討した事情に照らしても，甲土地取引がIAS基準②を満たさないということはできない。なお，X社は，X社が甲土地取引後に甲土地の維持管理をしていたことなどを指摘しているが，X社は，甲事業の共同事業者であり，甲事業に必要な範囲で甲土地の維持管理等を行ったからといって，甲土地の所有者としての負担をX社が負ったことになるわけでないことは明らかである。

(ｳ)　IAS基準③ないし⑤について
　甲土地取引によって，甲土地の取得原価とA社に対する売却額（本件受領金）との差額がX社の収益に含まれることは明らかであり，前記(ｱ)aにおいて検討した事情に照らしても，甲土地取引がIAS基準③ないし⑤を満たさないということはできない。

　したがって，本判決では，甲土地に関するリスクと経済的価値が確定的にA社に移転しているから，そもそもIAS第18号第14項の基準を満たさないとして，IAS第18号第14項が公正処理基準に合致するか否かについては，判断が下されなかった。

　国際会計基準（IAS）がそのまま法人税法上の公正処理基準に採用されるか否かは議論がある。大竹貿易事件最高裁判決を前提とすると，「法人税法の企図する公平な所得計算の要請という観点からも是認」できる範囲において，国際会計基準（IAS）を許容する余地はある（金子・前掲324頁は，「国際会計基準が一定の範囲で，一定の条件のもとに，公正処理基準の内容になっていくであろう」とされている）。国際会計基準（IAS）の採用が広がるにつれて，この点が正面から問われる裁判例が出てくると思われる。

③　業界慣行と公正処理基準

　法人税基本通達では，棚卸資産の販売に係る収益の計上時期は引渡日とされているが，継続適用を条件に，その販売に係る契約の内容等に応じて，その引渡しの日として合理的であると認められる日を引渡日として選択することが認

76

められている（法人税基本通達2-1-2）。

同様の考え方は、大竹貿易事件最高裁判決でも「取引の経済的実態からみて合理的なものとみられる収益計上の基準の中から、当該法人が特定の基準を選択し、継続してその基準によって収益を計上している場合には、法人税法上も右会計処理を正当なものとして是認すべき」として、採用されている。

では、収益の計上時期に関し、特定の業界において一定の慣行が存在する場合、当該慣行に従った処理は公正処理基準に合致することになるか。この点については、競走馬の販売に関し、業界の慣行に従った経理処理が公正処理基準に合致するか否かが争われた裁決例がある（平4.6.8、裁決事例集No.43・191頁）。

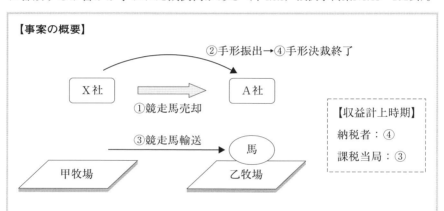

【事案の概要】

① X社とA社との間で、昭和63年7月15日、次の内容で、競走馬の売買契約を締結した。
　・代金支払日　昭和63年7月17日
　・引渡し　　　昭和64年10月末日
② A社は、昭和63年7月15日に、X社に対し、約束手形を振り出し、同手形は、平成元年12月まで、順次決済された。
③ 競走馬は、平成元年10月に、X社の甲牧場から、乙牧場に輸送され、その輸送費用はA社に請求された。

X社は、振出手形の最終決済日である平成元年12月15日に、競走馬の売買に係る売上を計上し、平成2年10月期に法人税の申告を行った。これに対し、課

税当局は，平成元年10月末日に競走馬の引渡しが完了しているから，平成元年10月期に競走馬の売上を計上すべきとして，課税処分を行った。

これに対して，本裁決は，競走馬の売買に係る収益の計上時期について，次のとおり述べた。

【競走馬の売買に係る収益の計上時期】
「競走馬の売買に係る収益の計上時期については，その引渡しがあった時とするのが相当であり，このことについては，請求人及び原処分庁の双方に争いがないが，現実の引渡しによりそれ自体の物理的な移動を伴う一般的なな卸資産の売買とは異なり，本件のように馬匹の売買後も引き続き売主の管理の下に飼育・調教等が行われるような場合にあっては，引渡しは占有の改定の方法により行われるものと解されるところ，このような場合の課税計算上の収益計上基準については，馬匹の引渡しに係る業界の取引慣行や馬匹の成育状況等に照らして妥当性があり，かつ，継続してこれに基づく会計処理が行われるものである限り，その収益計上基準は公正妥当なものと認めるのが相当である。」（下線は筆者。以下の引用も同様）

ここでは，①法人税における収益の計上基準（「課税計算上の収益計上基準」）に関する判断であるとの限定を付した上で，②売買後も引き続き売主の管理の下に飼育・調教等が行われるという特殊性に配慮して，③引渡しの具体的な内容として，「現実の引渡し」ではなく，「占有改定」の方法でよい旨が述べられている。

競馬取引の経済的実態に照らして判断する点はさておき，収益の計上時期としての「引渡し」を，民法に規定する占有の移転方法（現実の引渡し，簡易の引渡し，占有改定，指図による占有移転）に引きつけて理解しているところが特徴的である。

本裁決は，その上で，次のとおり判示した。

【本件における収益の計上時期】
「請求人は，前記(イ)のF並びに(ロ)のA及びBのとおり馬匹の売買に係る会計処理について，昭和57年以後継続して馬匹代金の全額を受領した時に当該馬匹の引

> 渡しを完了したものとし，この時をもって売上げに計上していることが認められるところ，前記(ハ)のB及びCの関係者の答述内容並びに前記(ニ)の調査結果等によれば，競走馬売買の業界にあっては，売主は買主の引渡し後の代金支払拒否を担保するために馬匹代金の全額の受領以後に当該馬匹の引渡しを行うことが慣例となっているものと認められるから，請求人の上記の会計処理基準は業界の取引慣行に照らして妥当なものということができ，かつ，請求人は継続して当該会計処理基準に基づいて会計処理を行っているから，他に引渡しの時期を決定すべき特段の事情がない限り，上記の会計処理基準によることは相当と認められる」

 そして，本裁決は，結論としては，そのような特段の事情はないとして，業界の取引慣行に従った，納税者による収益の計上時期を是認し，課税処分を取り消した。
 大竹貿易事件最高裁判決によれば，業界慣行に従った処理であっても，ただちにそれが許容されるわけではなく，①それが取引の経済的実態からみて合理的なものであるか否か，②法人税法の企図する公平な所得計算の要請から是認できるか否かという観点からの検証が必要となってくる。業界慣行は，取引の経済的実態に即して形成されるものであるから，業界慣行に従った処理である限り，基本的には，①取引の経済的実態に即したものといえよう。
 問題は，②法人税法の企図する公平な所得計算の要請から是認できるか否かである。本件でX社が採用した約束手形の決裁終了時という基準は，「現実に売買代金相当額を回収する時点まで待って，収益に計上する」ものといえ，大竹貿易事件最高裁判決にいう為替取組日基準と似ていなくもない。ただ，輸出取引と異なり，競走馬の売買は「売買後も引き続き売主の管理の下に飼育・調教等が行われる」ことから，現実の支配の移転ではなくて，占有改定という観念的な支配移転に着目し，その占有改定による支配移転の時期を，代金金額の受領した時点としたのであろう。

(3) 機械装置等の販売に伴う据付工事

 据付工事を伴う機械設備等の販売に係る収益の計上時期について，やや特殊

な事案ではあるが，争われた事例がある（大阪高裁平成9年1月29日判決・税資222号247頁）。

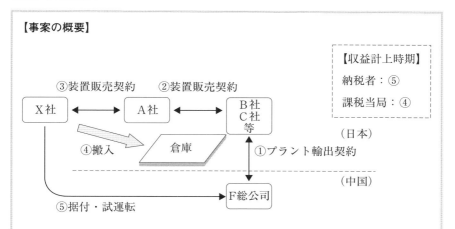

【事案の概要】

【収益計上時期】
納税者：⑤
課税当局：④

① B社は，昭和48年7月25日，C社，D社及びE社とともにF総公司との間で，低密度ポリエチレン樹脂を清算するプラント装置の輸出契約（「本件プラント契約」）を締結した。

② B社は，昭和49年10月頃，A社との間で，X社の製造した空気力輸送装置一式（「本件装置」）を代金2億6000万円で購入する旨の契約を締結した。

③ A社は，昭和49年12月10日，X社から，本件装置を代金2億5480万円で購入する旨の契約（「本件契約」）を締結した。B社は，X社に対し，本件装置については，製造業者であるX社自身がF総公司に対する技術指導に当たることを求め，X社も，これを了承した。ただし，B社とX社（及びA社）との間で，技術指導の対価については，明確な取決めはなく，A社のX社宛注文書においても，右対価は代金内訳の中に記載されていなかった。また，X社がA社を通じてB社に交付した仕様書には，本件装置の試運転については別途協議する旨が，B社がA社を通じてX社に交付した発注書には，本件装置の納入形態は「FOB及び据付単体試運転指導」とし，技術者の派遣に対しては，技術者一人当たり120元の日当及び交通費等の実費を支払う旨がそれぞれ記載されていた。

④ X社は，昭和49年12月頃から昭和50年4月頃までの間に，B社の検収を受けた上，本件装置に輸送梱包を施し，これを指定された神戸港の倉庫に搬入した。本件装置は，同年6月頃，船積みされ，同年8月頃までに中国の工事現場に搬

送された。原告は，昭和49年12月27日から昭和50年5月頃までの間に，A社から代金1億2000万円の支払を受け，残金1億3480万円についても同年7月21日までに支払を受けた。
⑤ X社は，昭和50年6月頃から昭和52年8月頃までの間に，F総公司に約8回にわたって技術者を派遣し，本件装置の据付，試運転やF総公司側の不手際のために必要となった追加装置据付のための技術指導に当たった。
⑥ X社は，昭和51年5月頃，B社及びA社との間で，右技術者の派遣等に要する費用について協議し，その結果，A社から，新たに技術者派遣及び追加装置についての発注を受けた上，同年7月頃，技術者派遣料として3130万円，追加装置代金として76万円の支払を受けた。
⑦ F総公司は，昭和52年9月26日，B社らに対し，プラント契約に基づく検収証明書を交付し，これを受けて，A社は，同年10月6日，X社に対し，右検収証明書を送付した。

X社は，試運転検収の終了日の属する昭和53年5月期に，本件装置の販売に係る売上を計上したところ，課税当局は，指定倉庫の納入日の属する昭和50年5月期に当該売上を計上すべきだとして，修正申告を勧奨し，X社も当該勧奨にしたがって，修正申告を提出した。ところが，犯則事件（刑事事件）において，本件装置の販売に係る売上は，昭和53年5月期に計上できる余地があるとして，その一部についてほだつ犯の成立を認めなかった。そこで，X社は，修正申告が無効であると主張して，不当利得返還請求訴訟を提起した。

このような特殊な事案において，本判決は，収益の計上基準として大竹貿易事件最高裁判決を引用した上で（この部分の引用は省略する。），次のように述べて，本件契約の本来的な義務は，本件装置の指定倉庫での引渡しにあるとした。

【本来的な義務】
前記各事実等に照らせば，「X社主張のとおり，X社は本件契約に基づき，本件装置の納入義務と併せて右技術指導を行うべき義務を負担したと認めるのが相当である。」
しかしながら，「本件プラント契約においては，技術指導は『サービス』とさ

れ，その対価又は費用補償の具体的定めがなかった。後日，派遣技術者の宿舎を無償支給とするほか，F総公司が，派遣技術者1人1日15元の滞在費に加えて現地の物価水準からするとかなり高額の技術指導料を支払うことが約されたが，<u>本件プラント契約上の代金総額と比較すると，純然たる費用補償に過ぎないとはいえないにしても，対価と目すべき部分はわずかであると解される。</u>」

「B社のA社に対する発注価額算定の基礎となったと推測されるA社の前記見積書（略）でも，技術指導の費用又は報酬についての明示の記載がなく，また，A社とX社との間において，X社が派遣した技術者の派遣費について，交通費等の実費精算のほか，『日当』の名目で一人当たり1日約120元，邦貨で1日2万1000円をA社が支払う旨，F総公司とC社との間の技術指導料の約定と同一の合意されたことに照らすと，<u>本件契約においても，右のような本件プラント契約におけるC社のなすべき給付とその対価との関係が反映されていると推測することもあながち不合理ではない。</u>そして，現にA社からX社に支払われたことが確認できる技術者派遣費用は，本件契約の代金額と比較すれば少額であり，前記認定以外に更に右派遣費用が支払われたとしても，派遣の人数及び期間からして，やはり代金額との比較では少額であると推測される。そうすると，<u>本件契約に関する限り，X社のなすべき技術指導に対して支払われる対価又は費用補償は少額なものにとどまるから，この点からしても，本件契約におけるX社の本体的義務は本件装置の指定倉庫での引渡しにあるということができる。</u>」（下線は筆者。以下の引用も同様）

そのうえで，本件契約に係る収益の計上時期を，本件装置の指定倉庫での引渡日とすることに十分な合理性があるとしたが，同時に，試運転検収の終了した昭和53年5月期に収益を計上することも，「全く不合理とはいえない」とした。

【本件における収益の計上時期】
「以上によれば，<u>本件契約に係る収益の帰属時期をX社主張のとおり昭和53年5月期とすることが全く不合理とはいえないが，これを本件事業年度とすることにも充分な合理性がある</u>というべきである。

X社が，従来から，運用実態はともかく検収，引渡時を売上計上基準とする建前をとってきたことも，右の判断を左右しない。個別の取引の契約内容，経済的実態を考慮することなく，一律に処理するのが相当ではないからである。」

本件は不当利得返還請求訴訟であり、修正申告に客観的に明白かつ重大な錯誤があるとして無効とされない限り、X社の請求は認められない。本判決でも、結論としては、修正申告における錯誤が客観的に明白ではないとして、X社の請求は認容されなかった。

本件は、刑事事件の判決が先行している点、あくまで修正申告における錯誤が客観的かつ明白であるかが問題となった点で、かなり特殊である。その射程は狭いと解すべきであろう。

(4) 委託販売と買戻条件付売買の区別

法人税基本通達は、委託販売について、継続適用を条件に、売上計算書の到着日に収益を計上することを認めている（同2－1－3）。この点に関連して、出版社の「委託取引」に、この通達が適用できるかが問題となった裁決例がある（平5.10.29、裁決事例集No.46・124頁）。

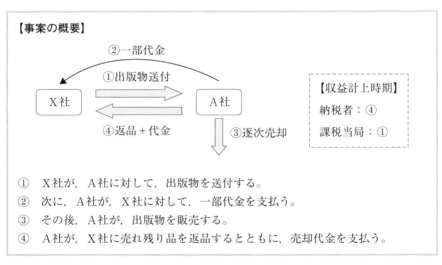

本裁決は、次のとおり、出版業における「委託取引」とは、買戻条件付きの売買契約であると認定し、問題となった取引も、出版業界でいうところの「委託販売」と異なるところはないとして、商品の引渡日に、収益を計上すべきだ

とした（引渡基準）。

>【事実認定】
>「出版業において，通常，委託取引と呼ばれる取引は，出版社が取次店に対して見込み数量による出版物を送付し，取次店は自己の都合により，何割かの代金を支払い，その後，逐次売却した代金の支払いとともに売れ残り品を返品することにより，それに相当する金額を買掛金（出版社の売掛金）から差引くという特約のある売買取引であり，<u>出版物という商品の特殊性から返品の条件がついているものの，その本質は，一般の棚卸資産の販売と異なるところはない</u>と認められる。
>　すなわち，売主からみれば買戻し条件付きの売買，買主からみれば返本特約付きの売買であるといえる。」（下線は筆者。以下の引用も同様）

　委託販売か，買戻条件付売買かは，結局のところ，事実認定の問題である。そこで，本裁決は，次の事情を論拠として，買戻条件付売買であると認定した。

>【買戻条件付売買と根拠とされた事情】
>・取引約定書に返品の特約が明記されているが，委託販売に関する項目はない。
>・取次店の仕入担当者が買戻条件付売買だと認識している。
>・売上金の入金時を売上げの計上日としている。
>・納品後代金未回収の商品が棚卸商品として計上されていない。

　本裁決では，X社は，そもそも売上計算書の到着日に収益を計上していなかったのであるから，そもそも「委託販売」と主張することに無理があったといえる。いずれにせよ，重要なのは，「委託販売」という呼称ではなくて，その実態である。

(5) プリペイドカードを利用した販売取引

　プリペイドカードなど商品引換券等を利用した販売取引については，通達に定めがあるところ（「通達方式」），この通達方式の是非が争われた事例がある（名古屋地裁平成13年7月16日判決・訟月48巻9号2322頁）。

【事案の概要】

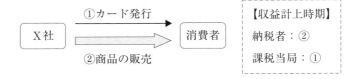

① X社は，平成9年1月期に，プリペイドカードを発行し，その対価は預り金として処理している（「原告方式」）。
② X社は，同期に，商品を販売し，それに相当する金額を売上に計上した。

　X社が，上記①及び②を前提に，平成9年1月期の法人税の申告をしたところ，課税当局は，プリペイドカードの未使用部分を含めた対価の金額について，収益の計上をすべきとして，課税処分を行った。

　本判決は，収益計上の一般的な基準について，次のとおり，判示した。

【収益の計上基準】
　「このような経緯に照らすと，法22条4項は，税法が繁雑なものとなることを避ける目的で，<u>客観的にみて規範性，合理性があり，公正妥当な会計処理の基準であると認められる方式</u>に基づいて所得計算がなされている限り，これを認めようとするものであると解されるが，<u>税法は納税義務の適正な確定及び履行を確保することを目的としているから，適正公平な税収の確保という観点から弊害を有する会計処理方式は，法22条4項にいう公正妥当処理基準に該当しない</u>というべきである。」（下線は筆者。以下の引用も同様）

　大竹貿易事件最高裁判決を明示的に引用はしていないが，会計処理の基準として，客観的にみて規範性，合理性があるかという観点とは別に，「適正公平な税収の確保という観点から弊害を有する会計処理方式」かどうかを問題とする点で，同様の考え方に依拠しているといえる。プリペイドカードを発行した場合の販売取引について，企業会計上，必ず発行時に収益を計上することとされていないことから，「適正公平な税収確保という観点」を強調したのであろ

う。

　このような基準を前提に，プリペイドカードを発行した場合の販売取引に係る収益の計上時期について，本判決は次のとおり，原告方式は，「適正公平な税収の確保という観点から弊害を有する」とした。

> 【原告方式（預り金処理）の是非】
> 　「商品引換券等，ことにプリペイドカードが発行された場合，残額が僅少であるとか，当初から収集目的で購入した等の理由から，顧客が引換えをすることなく死蔵したり，あるいはカード自体を紛失したり失念したために長期間引換えがなされないまま，<u>発行者において事実上給付義務を免れることとなる部分が一定の確率で必ず発生する</u>と考えられるのであって，現に，証拠（略）によれば，<u>戦前に発行された商品引換券等が本件通達の制定された昭和55年ころまで預り金処理されていたという事例もあった</u>ことが認められる。原告方式により処理した場合には，このような<u>引換え未了部分に係る発行代金相当額は永久に預り金として処理され続ける</u>こととなるが，かかる事態は企業の会計処理として妥当なものとはいい難い上，<u>発行者が事実上，確定的な利益を享受するにもかかわらず，税務当局は当該発行代金部分に対する課税をなし得なくなるという税務上重大な弊害を生ぜしめる</u>ことが明らかである。」

　そして，通達方式について，以下のとおり述べ，妥当であるとした。

> 【通達方式の是非】
> 　「<u>商品引換券等の発行代金が発行時において発行者の確定的な収入になると解</u>することに会計理論上特段の問題はなく（この場合，期末において引換え未了の部分については引換費用の見積計上を認める必要があるが，これについては別途基本通達2-2-11に取扱いが定められている。），通達方式は，原告方式のような弊害がなく，<u>公正かつ妥当な方法である</u>と認められる上，前記4のとおり，<u>本件事業年度当時，企業の会計処理の基準として既に広く知られたものとなっていた</u>のであるから，このような通達方式によりX社の所得額を算定することは適法である。」

　プリペイドカードを発行した場合の販売取引に係る法人税基本通達の定めに

ついて批判もあったが，本判決は，当該定めを「公正かつ妥当な方法」として，積極的に承認したところに意味がある。

4　棚卸資産等の販売取引の総括

　第１章1(1)および第２章2(1)でみてきたとおり，棚卸資産等の販売取引については，企業会計原則における実現主義の考え方が現行の会計慣行とされており，それを踏まえたうえで，法人税基本通達が作成されており，判例等でも参照されているのである。

　ただし，第１章1(2)工事契約会計基準等，(3)ソフトウェア取引については，企業会計原則よりも詳細な定めが企業会計基準委員会（ASBJ）より公表されており，優先して適用されている状況である。

　今後，収益認識意見募集を踏まえて，新たな収益認識の会計基準等が企業会計基準委員会（ASBJ）において開発されていくものと考えられるが，これにより，現行の会計慣行に大きな影響を及ぼすものと予想されるため，法人税法，法人税基本通達，判例等においても見直しがなされる可能性がある。

　第２章1(1)でみてきたとおり，日本基準では収益認識に関して包括的な定めがないことから，IFRS第15号のように，履行義務を識別し，財貨が顧客へ移転し，顧客により支配獲得され，履行義務が充足されることにより収益計上されることとなった場合には，現行の会計慣行における出荷基準，委託販売の到達日基準，割賦販売における割賦金の回収期限到来日または入金日基準などが見直されることが考えられるであろう。

　そうした場合，第２章2でみてきた法人税法，法人税基本通達の見直しがなされることや，第２章3(1)でみてきた，判例における「権利確定主義」へ影響が及ぶことがありうるであろう。

　ただし，このような税務の取扱いは従来どおりであるものとされる場合には，会計処理については棚卸資産の引渡日（支配移転による履行義務の充足時点）に収益計上されることとなったとしても，税務申告書上，申告調整をする必要

があることとなり，会計上と税務上の金額が異なることによる実務負担が生じていくことになるのである。

さらに，第2章[2](2)から(8)でみてきたとおり，IFRS第15号の取扱いと法人税基本通達などの取扱いが異なるような取引については，取引の内容によっては法人税基本通達の範囲内となるかどうか判断が必要なことになるものと考えられる。税務リスクの観点から，税務申告書上，申告調整をすることを検討するという実務負担が生じていくことになるのである。

第2章で扱った内容のうち主なものについて，IFRS第15号と税務の取扱いをまとめると**図表2-4-1**のとおりと考えられる。

図表2-4-1 IFRS第15号と法人税の取扱いの比較表

IFRS第15号	法人税法・法人税基本通達
(1) 収益計上基準等 　顧客への支配移転による履行義務の充足時に収益認識されるため，出荷基準，委託販売の到達日基準，割賦販売における割賦金の回収期限到来日または入金日基準が認められない場合がある 　重大な金融要素が含まれている場合，区分する	(1) 収益計上基準 　顧客への引渡日に収益認識され（実現主義）。具体的には，継続適用を条件に，出荷基準，委託販売の計算書到達日基準，長期割賦販売等における履行期到来基準が認められる 　長期割賦販売等で販売代価と利息相当額を契約等で明確・合理的に区分して計上できる場合がある 　なお，判例は，収入すべき権利が確定した時点（権利確定主義）。ただし，合理的な収益計上基準から選択し，継続適用される場合，法人税法上も正当なものとして是認されている
(2) 機械設備販売の据付工事・ソフトウェア販売のインストール 　顧客が，それぞれを単独または容易に可能な他の資源とともに使用して便益を得ることができ，区分して識別可能な場合，別個のものとして対価を配分し，それぞれ収益認識される	(2) 機械設備販売の据付工事・ソフトウェア販売のインストール 　据付工事が，相当の規模であり，合理的に区分できる場合，対価を区分して益金の額に算入される 　（プラント販売の据付工事について，据付工事に係る対価がわずかである場合には，引渡日に一括して収益計上することに合理性があるとした裁判例あり）

(3) 契約変更 　契約変更について，契約の範囲が拡大し，独立販売価格へ適切な調整が反映されている場合，独立した契約とされる	(3) 契約の変更 　―
(4) ポイント・値引券 　ポイント・値引券について，対価を配分し契約負債が計上される	(4) ポイント・値引券 　原則，販売時ではなく物品等に引き換えた時点で損金の額に算入する。ただし，販売時，損金経理により，1枚・1点に相当する金額について，未払金を計上できる場合もある
(5) 売上変動リベート・仮価格 　売上変動リベート・仮価格について，変動対価として金額を見積り，収益認識される	(5) 売上変動リベート・仮価格 　原則，リベート金額の通知日または支払日に売上割戻しを認識。ただし，販売価額・数量で算定され相手方に明示されているときは販売時に売上割戻しを認識できる
(6) 返品取引 　返品取引について，変動対価として金額を見積り，返金負債が計上される（対応する売上原価は返金資産として計上）	(6) 返品調整引当金 　返品日に損失を計上。ただし，出版業等の限られた業種に限り，無条件での買戻し等の定めがあるときには，返品調整引当金の計上を認める 　（出版物の買戻条件付売却について，一般の棚卸資産の販売と異なるところはないとした裁判例あり）
(7) 商品券等 　商品券等について，対価は契約負債として計上される	(7) 商品引換券 　原則，商品券の発行時に全額益金とされる。ただし，3年経過日に引換未了分の収益を計上することを条件に，引換時に預り金計上も可（裁判例で是認）
(8) 買戻条件付売却 　買戻条件付売却について，借入契約またはリース取引として会計処理される	(8) 買戻条件付売買 　原則，引渡日に収益を計上。ただし実質担保と評価できる場合は，譲渡を認識しない

第3章 工事進行基準，役務提供・サービス取引の会計と税務

　第1章の冒頭のとおり，平成28年2月4日（一部改訂 平成28年4月22日）に企業会計基準委員会（ASBJ）から公表された収益認識意見募集を踏まえ，第3章では，工事契約，役務提供・サービス取引における販売取引の収益認識についてみていく。重要な意見募集論点ごとに，日本の会計基準等，IFRS第15号等を比較していくとともに，法人税法等における規定や判例等についてもみていくこととする。

1　日本基準とIFRS第15号

(1)　工事進行基準（一定の期間にわたり充足される履行義務）
【意見募集論点9①②】

> **Point**
>
> IFRS第15号では，他に転用できる資産を創出していないなどの要件に該当した場合，一定の期間にわたり履行義務が充足されたものとして，工事の進捗度に応じた収益認識（工事進行基準）がされることになる。要件に該当しない場合，工事進行基準を適用することは認められない。

日本基準については，第1章①(2)でみてきたとおり，工事契約会計基準等に基づき，工事収益総額，工事原価総額，決算日における工事進捗度について，信頼性をもって見積もることができる場合，成果の確実性が認められるため，工事進行基準が適用されることとなる。なお，工事進行基準が適用されない場合には，工事完成基準が適用されることになる。

　IFRS第15号においては，第1章②の**図表1-2-3**および収益認識意見募集第100項のとおり，財・サービスが顧客に移転し，支配が獲得されて，履行義務が充足されることにより，収益認識となるが，具体的な要件に照らし，「一定の期間にわたり充足」するのか，あるいは「一時点で充足」するのか判断する必要がある。

　以下の要件のいずれかに該当する場合，「一定の期間にわたり充足」するものとみなされることとなる（IFRS第15号第35項）。

> ・企業の履行によって提供される便益について，企業が履行するにつれて顧客が同時に受け取って消費する場合
> ・企業の履行により，仕掛品のような資産を創出するかまたは増価させることで，顧客が当該資産の創出または増価につれて支配する場合
> ・企業の履行について，他に転用できる資産を創出しておらず，かつ，企業が現在までに完了した履行に対して支払いを受ける強制可能な権利を有している場合

　例えば，工事契約により，顧客は建設中の資産を他に転用することは認められておらず，顧客は契約を解約する権利を有しておらず，企業が建設を完了した場合には顧客は契約金額を支払う義務があるものとされているとする（なお，企業が履行しない場合，顧客は契約を解約する権利がある）。

　この場合，上記の3番目の要件（企業の履行について，他に転用できる資産を創出しておらず，かつ，企業が現在までに完了した履行に対して支払いを受ける強制可能な権利を有している場合）が満たされるため，「一定の期間にわ

たり充足」するものとみなされ，進捗度に応じて収益が計上されることとなる。

次に，進捗度に応じて収益を計上するためには，進捗度を測定することになり，アウトプット法（履行の完了や成果の達成について調査・鑑定，マイルストーンの達成，経過期間，生産単位，引渡単位など）またはインプット法（消費した資源，労働時間，発生したコスト，経過期間，機械使用時間など）が用いられることとなる（IFRS第15号第39項から第43項，B14項からB19項）。なお，進捗度が合理的に測定できない場合（意見募集論点9②），コストを回収できると見込んでいるときは，発生したコストまでの金額で収益を計上するものとされている（IFRS第15号第44項および第45項）。これは，工事原価回収基準とよばれる。

さらに，コストを回収できず，損失が見込まれるような不利な契約の場合には，IFRS第15号ではなく，IAS第37号「引当金，偶発負債及び偶発資産」の定めに従うこととなるため，日本基準における工事損失引当金（第1章1(2)参照）と同様，不利な契約による現在の債務を引当金として認識することとなる（IAS第37号第66項および第68項）。

具体的事例として，収益認識意見募集の論点9①②では，顧客仕様のソフトウェアの開発，オフィスビルの建設契約，工期がごく短い工事契約，契約初期段階の工事契約が挙げられている。

【契約の変更】（意見募集論点2）

日本基準では，工事契約基準第16項および工事契約適用指針第5項より，工事契約の変更時に影響額を損益として処理するものとされており，IFRS第15号の取扱いと同様の結果になるものと考えられる。

IFRS第15号では，収益認識意見募集第34項のとおり，すべての取引を対象として，当初の契約に変更がなされた場合における会計処理が定められている。

IFRS第15号第20項より，次の両方の要件が満たされる場合，契約変更を独立した契約として会計処理することとなる（IFRS第15号第26項から第30項，設例8）。

(a) 別個である，約束した財・サービスの追加により，契約の範囲が拡大すること
(b) 契約における対価の金額について，独立販売価格へ適切な調整が反映された金額の分だけ増加すること（例えば，新規の最終顧客に販売するための値引）

上記に該当しない場合，IFRS第15号第21項より，既存の契約のうち，いまだ移転されていない残りの財・サービスの会計処理について，以下のとおり定められている。

図表3-1-1 契約変更における残りの財・サービス（IFRS第15号第21項）

(a)	残りの財・サービスが，移転済みの財・サービスと別個のものである場合	既存の契約を解約して，新契約が創出されたものとして会計処理する
(b)	残りの財・サービスが，部分的に充足された履行義務の一部である場合（以下，第21項(b)の場合）	既存の契約の一部として，契約変更を会計処理する。すなわち，契約変更による取引価格および進捗度の修正は，収益の修正として計上される（累積的キャッチアップ）
(c)	残りの財・サービスが，(a)と(b)の組み合わせである場合	契約変更について，本項の目的に整合する方法で会計処理する

上記のうち，第21項(b)の場合について，以下，みていくこととする。

例えば，既存の工事契約において，取引価格1,000,000，予想原価700,000，予想利益300,000であり，第1期において，原価420,000が生じたため，進捗度60％（＝420,000÷700,000），収益600,000（＝1,000,000×60％）であったとする。

第2期において，建物の間取りの変更による契約の変更がなされたため，変更後の取引価格1,150,000，予想原価820,000，予想利益330,000となったとする。これは，残りの財・サービスが，部分的に充足された履行義務の一部である場

合（第21項(b)）に該当したとすると，契約変更による取引価格および進捗度の修正は，収益の修正として計上される（累積的キャッチアップ）ことになる。

よって，第2期までの原価合計738,000（第1期420,000＋第2期318,000）となったとすると，進捗度90％（＝738,000÷820,000），収益435,000（＝1,150,000×90％−600,000）となる。

この場合の仕訳例は以下のとおりと考えられる。

```
（第1期）
  （借）売掛金    600,000    （貸）売上収益  600,000
  （借）売上原価  420,000    （貸）現預金    420,000
（第2期）
  （借）売掛金    435,000    （貸）売上収益  435,000
  （借）売上原価  318,000    （貸）現預金    318,000
```

(2) 役務提供（一定の期間にわたり充足される履行義務）
【意見募集論点9①②】

Point

> IFRS第15号では，企業が履行するにつれて顧客が同時に受け取って消費すること，あるいは，他に転用できる資産を創出していないことなどの要件に該当した場合，一定の期間にわたり履行義務が充足されたものとして，サービス（役務）を提供する期間（進捗度）に応じて収益認識がされることになる。
> 要件に該当しない場合，サービス（役務）を提供する期間（進捗度）に応じて収益認識することは認められない。

日本基準では，第1章①(1)でみてきたとおり，契約に従い継続して役務の提供を行う場合，時間の経過を基礎として収益を認識することになるが，そうでない場合，企業会計原則における実現主義に基づき，「役務の提供の完了」を要件として収益計上されることとなる。

IFRS第15号においては，第１章②の**図表１-２-３**および収益認識意見募集第100項のとおり，財・サービスが顧客に移転し，支配が獲得されて，履行義務が充足されることにより，収益認識となるが，具体的な要件に照らし，「一定の期間にわたり充足」するのか，あるいは「一時点で充足」するのか判断する必要がある。

以下の要件のいずれかに該当する場合，「一定の期間にわたり充足」するものとみなされることとなる（IFRS第15号第35項）。この場合，進捗度を測定することにより，進捗度に応じて収益が計上されることとなる（IFRS第15号第39項から第45項）。

- 企業の履行によって提供される便益について，企業が履行するにつれて顧客が同時に受け取って消費する場合
- 企業の履行により，仕掛品のような資産を創出するかまたは増価させることで，顧客が当該資産の創出または増価につれて支配する場合
- 企業の履行について，他に転用できる資産を創出しておらず，かつ，企業が現在までに完了した履行に対して支払いを受ける強制可能な権利を有している場合

例えば，企業が顧客の月次の給与処理サービスを１年間提供する契約においては，企業が提供した給与処理サービスを別の企業がやり直す必要はなく，上記の１番目の要件（企業の履行によって提供される便益について，企業が履行するにつれて顧客が同時に受け取って消費する場合）が満たされるため，「一定の期間にわたり充足」するものとされ，進捗度に応じて収益が計上されることとなる。

また，企業がコンサルティング・サービスを提供する契約においては，企業が途中までサービスを提供しても，別の企業がやり直すことになるため，上記の１番目の要件は満たしていない。しかし，専門的意見の形成は，顧客の状況に固有のものであるため，他に転用できるものではなく，途中まで提供サービ

スに係るコストに合理的なマージンを加えた支払いを受けるのであれば，上記の3番目の要件（企業の履行について，他に転用できる資産を創出しておらず，かつ，企業が現在までに完了した履行に対して支払いを受ける強制可能な権利を有している場合）が満たされるため，「一定の期間にわたり充足」するものとされ，進捗度に応じて収益が計上されることとなる。

【契約の変更】（意見募集論点2）
　日本基準では，収益認識意見募集第33項のとおり，契約の変更に関する一般的な定めはない。
　IFRS第15号では，収益認識意見募集第34項のとおり，すべての取引を対象として，当初の契約に変更がなされた場合における会計処理が定められている。
　IFRS第15号第20項より，次の両方の要件が満たされる場合，契約変更を独立した契約として会計処理することとなる（IFRS第15号第26項から第30項，設例7）。

> (a) 別個である，約束した財・サービスの追加により，契約の範囲が拡大すること
> (b) 契約における対価の金額について，独立販売価格へ適切な調整が反映された金額の分だけ増加すること（例えば，新規の最終顧客に販売するための値引）

　上記に該当しない場合，IFRS第15号第21項より，既存の契約のうち，いまだ移転されていない残りの財・サービスの会計処理について，以下のとおり定められている。

図表3-1-2 契約変更における残りの財・サービス（IFRS第15号第21項）

(a) 残りの財・サービスが，移転済みの財・サービスと別個のものである場合（以下，第21項(a)の場合）	既存の契約を解約して，新契約が創出されたものとして会計処理する
(b) 残りの財・サービスが，部分的に充足された履行義務の一部である場合	既存の契約の一部として，契約変更を会計処理する。すなわち，契約変更による取引価格および進捗度の修正は，収益の修正として計上される（累積的キャッチアップ）
(c) 残りの財・サービスが，(a)と(b)の組み合わせである場合	契約変更について，本項の目的に整合する方法で会計処理する

上記のうち，第21項(a)の場合について，以下，みていくこととする。

例えば，既存の契約において，X1年度からX3年度までの3年間のメンテナンスサービスを120,000（@40,000）で顧客へ提供することとされていた。2年経過後，X4年度からX6年度までの3年間のメンテナンスサービスは，90,000（@30,000）で顧客へ提供するものとする。この延長された3年間のメンテナンスサービスについては，独立販売価格へ調整がなされた価格ではないとする。なお，X3年度は，40,000のままである。

この場合，第21項(a)に基づき，新契約が創出されたとみなされるため，新契約としてX3年度からX6年度まで，4年間にわたって130,000（＝40,000＋90,000）（@32,500）で顧客へ提供することとされる。この場合の仕訳例は以下のとおりと考えられる。

```
(X1年度)
  (借) 売掛金　40,000    (貸) 売上収益　40,000
(X2年度)
  (借) 売掛金　40,000    (貸) 売上収益　40,000
(X3年度)
  (借) 売掛金　32,500    (貸) 売上収益　32,500
```

(X4年度)
　(借)　売掛金　32,500　　　(貸)　売上収益　32,500
(X5年度)
　(借)　売掛金　32,500　　　(貸)　売上収益　32,500
(X6年度)
　(借)　売掛金　32,500　　　(貸)　売上収益　32,500

(3) ラインセンス（知的財産ライセンスの供与）【意見募集論点5】

Point

> IFRS第15号では，企業が，ライセンスを供与した顧客の知的財産に対して著しく影響を及ぼす活動をおこなうことが期待されるなどの要件に該当した場合，一定の期間にわたり履行義務が充足されたものとして，ライセンスを提供する期間（進捗度）に応じて収益認識がされることになる。

　日本基準については，収益認識意見募集第60項のとおり，一般的な定めはなく，実務上，個々のライセンス契約の内容を勘案した会計処理がなされているものと考えられている。

　IFRS第15号においては，第1章2の**図表1-2-3**および収益認識意見募集第61項のとおり，財・サービスが顧客に移転し，支配が獲得されて，履行義務が充足されることにより，収益認識となるが，具体的な要件に照らし，「一定の期間にわたり充足」するのか，あるいは「一時点で充足」するのか判断する必要がある。

　ライセンスを供与する場合については，以下の要件のすべてに該当する場合，企業の知的財産にアクセスする権利の提供であるため，「一定の期間にわたり充足」するものとみなされることとなる（IFRS第15号B58項からB60項，設例54から設例61）。この場合，進捗度を測定することにより，進捗度に応じて収益が計上されることとなる（IFRS第15号第39項から第45項）。

> - 企業が，顧客の知的財産に対して著しく影響を及ぼす活動をおこなうことが，契約により要求されるか，取引慣行，方針の公表などにより，合理的に期待されていること
> - そのような企業の活動によって，顧客が影響を受けること
> - そのような企業の活動の結果，顧客に財またはサービスが移転しないこと

これらの要件のすべてに該当する場合以外については，ライセンス供与時点にて，「一時点で充足」するものとされる（IFRS第15号第38項およびB61項）。

(フランチャイズ権の例)

例えば，ある企業が顧客へ10年間にわたり，商号を使用して製品を販売する権利を提供するというフランチャイズ権を付与することにより，顧客は毎月の売上高の5％をロイヤリティとして支払うものとする。企業は，顧客が使用するフランチャイズ権に著しく影響を及ぼすような活動（例えば，製品の改善，販促活動，運営の効率化）を行うことが合理的に期待されており，これにより，顧客は影響を受けるが，財またはサービスが顧客へ移転されることはない。

この場合，上記の3つの要件をすべて充足するため，「一定の期間にわたり充足」するものとみなされる。企業は，顧客の売上高が発生するにつれて収益を認識することとなる（IFRS第15号B63項）。

(知的財産権の例)

例えば，ある企業（著作権保有者）が顧客へ4年間にわたり，著作物を使用する権利を付与することにより，顧客は毎年1,000をロイヤリティとして支払うものとする。企業は，顧客が使用する著作物に著しく影響を及ぼすような活動（例えば，著作物の出版，販促活動）を行うことが合理的に期待されており，これにより，顧客は影響を受けるが，財またはサービスが顧客へ移転されるこ

とはない。

この場合，上記の3つの要件をすべて充足するため，「一定の期間にわたり充足」するものとみなされる。企業は，IFRS第15号第39項から第45項に基づき検討し，進捗度の最も適切な測定方法（期間按分など）により，収益を認識することとなる。

具体的事例として，収益認識意見募集の論点5では，映像コンテンツのライセンス供与，フランチャイズ料が挙げられている。

(4) 入会金・加入手数料（返金不能の前払報酬）【意見募集論点12】

Point 👉

> IFRS第15号では，返金不要の入会金・加入手数料について，将来の財・サービスに関連する場合には，入金時に一括して収益認識するのではなく，将来の財・サービスが提供されたときに収益認識することになる。

日本基準では，収益認識意見募集第130項のとおり，返金義務のない入会金等について一般的な定めはなく，実務上，入金時に一括して収益を認識したり，契約期間にわたって配分したりすることがある。

IFRS第15号においては，収益認識意見募集第131項から第133項のとおり，契約開始時における返金不要の前払報酬については，将来の財またはサービスに関連する前払いの場合には，将来の財またはサービスが提供されたときに収益として認識されることとなり，契約更新オプションを顧客に付与しており重要な権利を顧客に提供しているときは，延長された期間にわたって配分するものとされている（IFRS第15号B48項からB51項）。

具体的事例として，収益認識意見募集の論点12では，スポーツクラブやゴルフクラブの入会金が挙げられている。

(5) その他の論点【意見募集論点16】

収益認識意見募集における論点のうち，収益の表示および開示に関する論点【意見募集論点13から15】については，税務上の課税所得へ影響を及ぼさないが，第2章 1 (9)においてみてきた。

ここでは，契約コスト【意見募集論点16】についてみていく。

収益認識意見募集第162項から第165項より，日本基準では，契約コストに関する一般的な定めはないが，IFRS第15号では，顧客との契約を獲得するために発生したコストで，当該契約を獲得しなければ発生しなかったコストについて，次の要件のすべてに該当する場合，資産計上するものとされている（IFRS第15号第91項から第104項）。

> ・契約に直接関連していること
> ・将来の履行義務を充足するために使用されるものを創出・増加させること
> ・回収が見込まれること

具体的事例として，収益認識意見募集の論点16では，コンサルティング・サービス契約を獲得するためのコスト，データ・センターの管理サービス提供前のセットアップ・コストが挙げられている。

2 法人税法・法人税基本通達における収益の計上基準

(1) 工事進行基準

法人税法は，工事請負に係る収益の計上時期に関して，次のとおり，規定している。

> 【法人税法】
> （工事の請負に係る収益及び費用の帰属事業年度）
> 第64条　内国法人が，長期大規模工事（工事（製造及びソフトウエアの開発を含む。(略)）のうち，その着手の日から当該工事に係る契約において定められている目的物の引渡しの期日までの期間が一年以上であること，政令で定める大規模な工事であることその他政令で定める要件に該当するものをいう。(略)）の請負をしたときは，その着手の日の属する事業年度からその目的物の引渡しの日の属する事業年度の前事業年度までの各事業年度の所得の金額の計算上，その長期大規模工事の請負に係る収益の額及び費用の額のうち，当該各事業年度の収益の額及び費用の額として政令で定める工事進行基準の方法により計算した金額を，益金の額及び損金の額に算入する。
> 2　内国法人が，工事（その着手の日の属する事業年度（略）中にその目的物の引渡しが行われないものに限るものとし，長期大規模工事に該当するものを除く。以下この条において同じ。）の請負をした場合において，その工事の請負に係る収益の額及び費用の額につき，着工事業年度からその工事の目的物の引渡しの日の属する事業年度の前事業年度までの各事業年度の確定した決算において政令で定める工事進行基準の方法により経理したときは，その経理した収益の額及び費用の額は，当該各事業年度の所得の金額の計算上，益金の額及び損金の額に算入する。ただし，その工事の請負に係る収益の額及び費用の額につき，着工事業年度後のいずれかの事業年度の確定した決算において当該工事進行基準の方法により経理しなかつた場合には，その経理しなかつた決算に係る事業年度の翌事業年度以後の事業年度については，この限りでない。

　この規定は，完成引渡基準の「特例」であり，あくまで，例外的な規定との位置づけである。したがって，この規定が適用されない場合は，原則に戻って，完成引渡基準が適用される。

> **図表3-2-1** 　工事進行基準の位置づけ
>
> ・原則的な収益計上基準：完成引渡基準（法人税基本通達2-1-5）
> ・例外的な収益計上基準：工事進行基準（法人税法64条）
> 　① 　長期大規模工事→強制適用（同条1項）
> 　② 　それ以外の工事→任意適用（同条2項）

　法人税法が定める工事進行基準の具体的な内容は，次のとおりである（法人税法施行令129条3項）。工事進行割合については，特定の計算方法を強制しておらず，合理的と認められるものであれば，許容される。

> **図表3-2-2** 　法人税法における工事進行基準
>
> 益金算入額＝請負の対価額×工事進行割合－計上済みの収益額
> 損金算入額＝工事原価額（見積）×工事進行割合－計上済みの費用額
> 工事進行割合＝既に要した経費額／工事原価額　など合理的なもの

　問題は，工事進行基準が強制される「長期大規模工事」の意義である。以下の3つの要件を満たせば，「長期大規模工事」として，工事進行基準が強制される（法人税法施行令129条1項）。なお，工事契約会計基準と同様に，ソフトウエアの開発も，適用対象となっているから，長期大規模工事に該当する場合には，進行割合に応じて，収益を計上することが強制されることに注意が必要である。

図表3-2-3　長期大規模工事の要件

① 着手日から工事契約での目的物の引渡期日までの期間が1年以上（法人税法64条1項）
② 請負の対価の額（外国通貨払の工事（製造及びソフトウエアの開発を含む。）は，その契約時で円換算額）が10億円以上
（法人税法施行令129条1項）
③ 工事契約において，請負の対価の額の2分の1以上が工事目的物の引渡期日から1年経過日後に支払われることが定められていない
（法人税法施行令129条2項）

さらに，法人税基本通達は，上記要件の判定単位について，次のとおり，定めている。

【法人税基本通達】
（長期大規模工事に該当するかどうかの判定単位）
2-4-14　請け負った工事が法第64条第1項（略）に規定する長期大規模工事に該当するかどうかは，当該工事に係る契約ごとに判定するのであるが，複数の契約書により工事の請負に係る契約が締結されている場合であって，当該契約に至った事情等からみてそれらの契約全体で一の工事を請け負ったと認められる場合には，当該工事に係る契約全体を一の契約として長期大規模工事に該当するかどうかの判定を行うことに留意する。

（工事の目的物について個々に引渡しが可能な場合の取扱い）
2-4-15　工事の請負に係る一の契約においてその目的物について個々に引渡しが可能な場合であっても，当該工事が法第64条第1項（略）に規定する長期大規模工事に該当するかどうかは，当該一の契約ごとに判定することに留意する。
　ただし，その目的物の性質，取引の内容並びに目的物ごとの請負の対価の額及び原価の額の区分の状況などに照らして，個々に独立した契約が一の契約書に一括して記載されていると認められる工事の請負については，当該個々に独立した契約ごとに長期大規模工事の判定を行うことができる

つまり、「長期大規模工事」に該当するか否かは、契約単位で判定される。ただし、「一の契約」なのか、複数の契約なのかは、事実認定・事実評価の問題である。契約書が複数作成されたとしても、経緯等に照らして、その全体が「一の契約」と認定・評価できる場合はあるし、逆に、契約書が一通のみ作成されたとしても、複数の契約と評価・認定できる場合もある。ここではそのことが留意的に定められてされている（大澤・前掲349頁以下）。

図表3-2-4　一の契約か否かの判定要素

① 目的物の性質
② 取引の内容
③ 目的物ごとの請負の対価の額
④ 原価の額の区分の状況、など

前述のとおり、長期大規模工事に該当しない場合であっても、同一の工事について継続適用を条件として、工事進行基準を選択することができる。したがって、企業会計上、工事進行基準を採用した場合には、法人税法上も、原則として、それが容認されることになる。

工事進行基準の適用を停止した場合には、その後の事業年度において工事進行基準は適用できず、原則に戻って、完成引渡基準に基づいて、収益（差益）等を計上することになる。

図表3-2-5　工事進行基準の適用停止

・原則的な収益計上基準：完成引渡基準（法人税基本通達2-1-5）
・例外的な収益計上基準：工事進行基準（法人税法64条）
　→適用停止の場合は、原則に戻る

(2) 役務提供（完成引渡基準）

【請負収益の計上時期】

　請負が長期大規模工事に該当しない場合には、原則に戻って、収益認識を行うことになる。ただ、法人税法は、収益の計上時期の「特例」を定めているが、原則具体的な内容については、特に定めておらず、法人税基本通達において、その原則が、次のとおり、定められている。いわゆる完成引渡基準といわれるものである。

【法人税基本通達】
（請負による収益の帰属の時期）
2-1-5　請負による収益の額は、別に定めるものを除き、物の引渡しを要する請負契約にあってはその目的物の全部を完成して相手方に引き渡した日、物の引渡しを要しない請負契約にあってはその約した役務の全部を完了した日の属する事業年度の益金の額に算入する。

　これは、民法に定める、請負報酬の支払時期（民法633条）を踏まえたものとされている（大澤・前掲104頁）。

【民法の規定】
（報酬の支払時期）
第633条　報酬は、仕事の目的物の引渡しと同時に、支払わなければならない。ただし、物の引渡しを要しないときは、第六百二十四条第一項の規定を準用する。

（報酬の支払時期）
第624条　労働者は、その約した労働を終わった後でなければ、報酬を請求することができない。
2　期間によって定めた報酬は、その期間を経過した後に、請求することができる。

　そして、法人税基本通達は、建設工事等における「引き渡した日」の判定に

について、さらに、次のように定めている。

> 【法人税基本通達】
> （建設工事等の引渡しの日の判定）
> ２－１－６　２－１－５の場合において、請負契約の内容が建設、造船その他これらに類する工事（略）を行うことを目的とするものであるときは、その建設工事等の引渡しの日がいつであるかについては、例えば作業を結了した日、相手方の受入場所へ搬入した日、相手方が検収を完了した日、相手方において使用収益ができることとなった日等当該建設工事等の種類及び性質、契約の内容等に応じその引渡しの日として合理的であると認められる日のうち法人が継続してその収益計上を行うこととしている日によるものとする。

　これは、棚卸資産の販売と同様、特定の時期に収益を計上することを強制しないとの趣旨とされている。つまり、法人は、作業結了基準、受入場所搬入基準、検収完了基準、管理権移転基準など、企業会計等において採用されている諸基準を、継続的な適用を条件に、取引の実情に応じて合理的な基準を選択できる（大澤・前掲105頁）。

　このように、請負についても、法人税基本通達は、民法上の支払期日を踏まえながらも、具体的な計上時期に関しては、企業会計等に準拠することを想定している。したがって、IFRS第15号でいう、「一定の期間にわたり充足」する場合について、特に明示的な定めはないが、取引の実情に応じたものとし許容されるものと考えられる。

図表３－２－６　法人税基本通達の考え方

原則＝継続適用を条件に作業結了基準など企業会計の各基準を許容 　★「収入すべき権利」には着目していない？

【完成引渡しの単位】

　請負の場合も、完成引渡しを、どのような単位で判断するかという問題がある。法人税基本通達は、建設工事等について、次のように定めている。

> 【法人税基本通達】
> (部分完成基準による収益の帰属時期の特例)
> 2-1-9 法人が請け負った建設工事等(法第64条第1項(略)の規定の適用があるもの及び同条第2項(略)の規定の適用を受けるものを除く。略)について次に掲げるような事実がある場合には，その建設工事等の全部が完成しないときにおいても，その事業年度において引き渡した建設工事等の量又は完成した部分に対応する工事収入をその事業年度の益金の額に算入する。(略)
> (1) 一の契約により同種の建設工事等を多量に請け負ったような場合で，その引渡量に従い工事代金を収入する旨の特約又は慣習がある場合
> (2) 1個の建設工事等であっても，その建設工事等の一部が完成し，その完成した部分を引き渡した都度その割合に応じて工事代金を収入する旨の特約又は慣習がある場合

　これは，棚卸資産の販売取引のように，部分完成基準を許容するという趣旨ではなくて，あくまで，完成引渡しの「単位」について，定めたものである(大澤・前掲107頁)。

　つまり，完成引渡しの有無は，企業会計と同様に，「契約」(合意)単位ではなくて，「工事」単位で判断するという当たり前のことを確認しただけであり，そのため，強制適用とされている(渡辺淑夫・山本守之『法人税法の考え方・読み方(三訂版)』148頁)。

　注意が必要なのは，この通達でいう「特約又は慣習」は，必ずしも明示的なものでなくてはよいとされている点である。事実上の問題として完成部分の引渡し・代金の請求が行われておれば，その時点で売上として認識をすべきとされている(渡辺淑夫・山本清次『法人税基本通達の疑問点(4訂版)』56頁)。

【技術役務の提供】
　他方，法人税基本通達は，設計，作業の指揮監督，技術指導その他の技術役務の提供を行った場合について，次のように定めている。

【法人税基本通達】
(技術役務の提供に係る報酬の帰属の時期)
2-1-12　設計，作業の指揮監督，技術指導その他の技術役務の提供を行ったことにより受ける報酬の額は，原則としてその約した役務の全部の提供を完了した日の属する事業年度の益金の額に算入するのであるが，その技術役務の提供について次に掲げるような事実がある場合には，その支払を受けるべき報酬の額が確定する都度その確定した金額をその確定した日の属する事業年度の益金の額に算入するものとする。ただし，その支払を受けることが確定した金額のうち役務の全部の提供が完了するまで又は1年を超える相当の期間が経過するまで支払を受けることができないこととされている部分の金額については，その完了する日とその支払を受ける日とのいずれか早い日まで収益計上を見合わせることができる。
(1)　報酬の額が現地に派遣する技術者等の数及び滞在期間の日数等により算定され，かつ，一定の期間ごとにその金額を確定させて支払を受けることとなっている場合
(2)　例えば基本設計に係る報酬の額と部分設計に係る報酬の額が区分されている場合のように，報酬の額が作業の段階ごとに区分され，かつ，それぞれの段階の作業が完了する都度その金額を確定させて支払を受けることとなっている場合
(注)　技術役務の提供に係る契約に関連してその着手費用に充当する目的で相手方から収受する仕度金，着手金等の額は，後日精算して剰余金があれば返還することとなっているものを除き，その収受した日の属する事業年度の益金の額に算入する。

　技術的役務の提供も，請負の一種であるから，その報酬の収益の計上時期は，原則，役務の提供が完了した時点となる。

　ただし，人月計算，人日計算をするような取引に関しては，一定の期間・段階毎に，報酬を確定させて支払うことになっており，部分的な完了があるといえる。そこで，このような取引については，部分的に支払が確定した報酬として，その都度収益を計上すべきものとしているわけである。要するに，役務提供について，一種の部分完成基準を認めているわけである（大澤・前掲113頁）。したがって，コンサルタント契約などについても，この通達の定めにより，「一定の期間にわたり充足」するものとして，進捗度に応じて収益を計上する

ことができよう。

　人月計算，人日計算をするような取引であっても，支払が全体の役務提供の完了するまで又は1年を超える長期間にわたり，支払を受けることができない場合には，完了日または支払日のいずれか早い日まで，収益の計上を見合わせることができることとされている。

(3) ライセンス

　法人税基本通達は，知的財産権の実施権（ライセンス）の供与について，次のように定めている。

【法人税基本通達】
（工業所有権等の譲渡等による収益の帰属の時期）
2-1-16　工業所有権等（特許権，実用新案権，意匠権及び商標権並びにこれらの権利に係る出願権及び実施権をいう。略）の譲渡又は実施権の設定により受ける対価（使用料を除く。略）の額は，原則としてその譲渡又は設定に関する契約の効力発生の日の属する事業年度の益金の額に算入する。ただし，その譲渡又は設定の効力が登録により生ずることとなっている場合において，法人がその登録の日の属する事業年度の益金の額に算入しているときは，これを認める。
（注）　その対価の額がその契約の効力発生の日以後一定期間内に支払を受けるべき使用料の額に充当されることとなっている場合であっても，当該事業年度終了の日においていまだ使用料の額に充当されていない部分の金額を前受金等として繰り延べることはできないことに留意する。

　これは，特許権，実用新案権，意匠権及び商標権に係る実施権（ライセンス）等の譲渡又は設定を，これらの権利の譲渡又は設定と同じように扱う趣旨である。したがって，原則として，実施権（ライセンス）の設定契約の効力が生じた時点で，収益を計上すべきとされ，登録によって効力が生じる場合には，例外的に，登録時点で，収益を計上することも認めることとされている。

　逆に，実施権（ライセンス）の譲渡又は設定対価の額が，一定期間の使用料に充当されるような場合であっても，期間案分によって，収益を計上すること

は認められない(上記の注)。当初に授受する一時金の額が，その期間中の使用料の額に充当しきれずに，残額が残った場合であっても，その残額について返還義務が生じないことが通常であるから，当初から確定収入として扱うべきだとの趣旨だとされている(大澤・前掲120頁)。

なお，前述の法人税基本通達の定めは，特許権，実用新案権，意匠権及び商標権に係る実施権の譲渡又は設定に関するものであって，これらの権利の使用許諾に関する定めではない。使用料に関しては，別途，法人税基本通達は，次のように，定めている。

【法人税基本通達】
(工業所有権等の使用料の帰属の時期)
2-1-30　工業所有権等又はノーハウを他の者に使用させたことにより支払を受ける使用料の額は，その額が確定した日の属する事業年度の益金の額に算入する。ただし，法人が継続して契約により当該使用料の額の支払を受けることとなっている日の属する事業年度の益金の額に算入している場合には，これを認める。
(略)

これは，使用料の金額が確定した時点で，収益を計上することを原則としつつ，生産高に応じて使用料の額を算定する場合のように，使用料の額が算定可能となる時期の判定が困難なこともあるから，継続適用を条件に，支払日に収益計上することを許容するものである(大澤・前掲159頁)。

他方，著作権の使用許諾に係る収益の計上時期に関しては，法人税基本通達は，特に定めを置いていない。

図表3-2-7　法人税基本通達の定め

権利の種類	取引の内容	法人税基本通達
特許権，実用新案権，意匠権，商標権	譲渡，実施権の設定	2-1-16
	使用（利用）許諾	2-1-30
著作権		―
	譲渡	―

(4) 入会金・加入手数料

入会金・加入手数料の収益の計上時期について，法人税基本通達は，特に定めを置いていない。

(5) その他（不動産の仲介あっせん報酬）

法人税基本通達は，不動産の仲介あっせん報酬の収益の計上時期について，次のように，定めている。

【法人税基本通達】
（不動産の仲介あっせん報酬の帰属の時期）
2-1-11　土地，建物等の売買，交換又は賃貸借（以下2-1-11において「売買等」という。）の仲介又はあっせんをしたことにより受ける報酬の額は，原則としてその売買等に係る契約の効力が発生した日の属する事業年度の益金の額に算入する。ただし，法人が，売買又は交換の仲介又はあっせんをしたことにより受ける報酬の額について，継続して当該契約に係る取引の完了した日（同日前に実際に収受した金額があるときは，当該金額についてはその収受した日）の属する事業年度の益金の額に算入しているときは，これを認める。

売買等の仲介・あっせんは，一種の請負であるから，原則的な取扱いによれば，役務の提供が完了した時点，すなわち売買契約が締結された時点で，報酬を収益として計上することになる。

しかし，現実の取引慣行としては，具体的に所有権移転登記が行われた時点

に取引が完了したとして，仲介・あっせんの報酬を支払うことが多いうえ，国土交通省より，仲介業者としては取引完了まで責任を負うべきものとし，その報酬については，契約成立時点では2分の1以下の収受にとどめ，残額は取引完了まで収受しないように指導している（昭和27.6.26住発第298号建設省住宅局長通達）。この通達のただし書は，このような実情に照らして，例外的に，売買等の取引の完了時点での収益計上を認めたものである（大澤・前掲111頁）。

3 法人税法における収益の計上基準に係る判決・裁決

(1) 法人税法における権利確定主義

判例は，前述のとおり，法人税における収益の計上時期について，「権利確定主義」といわれる立場をとっており，役務提供に関しても同様である。

例えば，古い裁判例であるが，請負代金の収益の計上時期について，次のように判示したものがある（金沢地裁昭和32年2月27日判決・税資25号175頁）。

> 【収益の計上基準】（金沢地裁昭和32年2月27日判決）
> （法人税法上の規定）
> 　「所得の事業年度帰属を定めるに当りその収益又は費用がどの事業年度におけるものであるか決定するについての税法上明文がない」
> （権利確定主義）
> 　「近代法人企業にあっては課税の明瞭，確実を期する上において講学上のいわゆる現金主義によっては到底正確な損益を把握することができないから，収入すべき債権の確定，支払うべき債務の確定をもって基準とするいわゆる発生主義（権利確定主義）によるのが相当であると謂わねばならない。そして右発生主義によるとしてもこれを実際の所得の形態に対して適用する場合，合目的見地からその具体的事態に即応した考慮を払わねばならないこと勿論である。
> （工事請負に係る完成引渡基準）
> 　「右の如き見地からして本件の如き工事請負契約に基く益金については原則として目的たる契約事項全部の完成（引渡を要するものについては引渡）のときの

事業年度に帰属するとすべきであるが，事業年度内に契約の一部が未完成であった場合でも，既に完成された部分についての引渡が終了していて，且つその完成部分の代金が債権として確定できる場合にはその限度において右確定した代金が同事業年度の益金に帰属すると解するのが相当である。」

　この判決は，①「発生主義」＝「権利確定主義」ととらえた上で，②「発生主義」の適用に当っては，合目的見地から柔軟に判断すべきであるとし，③契約の一部が未完成であった場合でも，部分引渡があり，かつ，「代金が債権として確定できる場合」にはその限度においてその確定した代金を当該事業年度に収益計上すべきだと解している。大竹貿易事件最高裁判決（平成5年11月25日判決）と似た枠組みを採用しているといえよう。

図表3-3-1　大竹貿易事件判決との論理の比較

【金沢地裁昭和32年判決の論理】
・収益計上基準＝「発生主義」＝「権利確定主義」
・合目的見地からその具体的事態に即応した考慮が必要

【大竹貿易事件最高裁判決の論理】
・基本となる収益計上基準＝「実現主義」＝「権利確定主義」
・継続適用を条件に許容される収益計上基準（≠権利確定主義）
　　　　＝その経済的実態からみて合理的なものも許容
　　　　（ただし，権利確定主義との関係で一定の限界？）

　大竹貿易事件最高裁判決後は，請負の収益計上時期が問題となった事例においても，同判決の枠組みを援用されている。

(2) 請負の収益の計上時期

　請負の収益の計上時期が争われた裁判例として，次のようなものがある。いずれの裁判例も，基本的には完成引渡基準を採用している。

図表3-3-2 裁判例における請負の収益の計上時期

①　東京高裁昭和26年3月31日判決：完成引渡しの時点（政府の契約の特例に関する法律第一条にいう特定契約の場合は政府の金額指定の時）
②　東京高裁昭和27年2月21日判決：完成引渡しの時点（上記特定契約の場合も完成引渡し時）
③　金沢地裁昭和32年2月27日判決：引渡しの時点 　　（ただし，部分引渡しを認める）
④　神戸地裁昭和54年11月15日判決：完成引渡しの時点
⑤　東京地裁昭和55年6月12日判決：実質的な完成時点（一部未完成）
⑥　札幌地裁平成元年9月29日判決：完了・引渡しの時点
⑦　東京地裁平成24年2月28日判決：完了の時点

このうち，一部未完成であっても，実質的な完成があったとして収益計上を認めた東京地裁昭和55年6月12日判決（上記⑤）と，証券取引等監視委員会の指導に基づく過年度遡及修正の是非が問題となった東京地裁平成24年2月28日判決（上記⑦）の判示内容を紹介する。

①　一部未完成であっても実質的な完成があったとされた事例

東京地裁昭和55年6月12日判決（判タ428号208頁）は，建設請負工事での収益計上時期が刑事事件（ほだつ犯）で問題となった事例である。

【事案の概要】
①　Ｘ社は，建築及び土木工事の請負を業とする会社である。
②　Ｘ社の代表取締役は，法人税を免れようと企て，架空外注費を計上するなどしたが，ほだつ税額の計算において，完成工事高の一部について，未完成部分があった。

まず，本判決は，次のとおり述べて，建築請負工事の収益計上基準として，完成引渡基準が妥当するとした。ここで，「右段階に至れば代金債権は権利として確定することとなり，所得の実現があつたものとみられ」と判示している

ことから,権利確定主義＝実現主義の考え方を採用していると考えられる。

【完成引渡基準】
「施工主の直営工事ではない一般の建物建設請負工事の収益計上時期につき,右建物の引渡しを以て認識基準とすることが妥当とされる所以は,特約のない限り,完成した建物を引渡すことによって施工主に所有権が移転するとともに,請負人において報酬請求権を取得するから,既に,請負契約時において収入すべき工事代金が定っている以上は,右引渡しによる履行の提供があれば,直ちに右代金を請求し取得できるので,右段階に至れば代金債権は権利として確定することとなり,所得の実現があつたものとみられ,たとえ現実に現金の授受がなくとも,法律上何時でも行使できる請求権として担税力を有する財産価値を有するものと認められ収益として認識できるからである。」（下線は筆者。以下の引用も同様）

そのうえで,本判決は,次のとおり判断して,現実の占有移転は不要で,通常の用法に従って使用し得る状態になった時点をもって,「引渡し」があったものとされるとした。

【引渡しの意義】
「右の収益計上時期としての引渡しとは,特約のない限り,それが建物であるために,必ずしも現実の占有移転たるを要せず実質的な引渡しをもって足り,本件のように,鍵を渡せる状態,換言すれば,施工主をして通常の用法に従つて使用し得る状態になつた時を以て引渡しの時と認識することも許容され得る。」

確かに,収益計上のためには現実の占有移転が必ず必要ということはない。そこで,本判決は,引渡しを「実質的」に判断することも許容されるとの考え方を導き出した。そして,一部未完成という局面における「実質的」な引渡しについて,次のように述べた。

【未完成の工事について実質的に引渡しがあったといえる場合】
「ところで一般に建設請負工事は,完成までに長期かつ多額の費用のかかることから,工事代金については,契約成立時,着工時,上棟時等段階的に部分払いがなされ,残代金も完成,引渡時において精算払いとなることが多い。また,右

工事につき附帯工事が随伴したり，更に，当初工事契約内容の仕様変更ないし，別途工事として追加工事がなされることも少なくなく，そのうえ，本件工事については当該事業年度に引渡しがなされていても，附帯工事，別途追加工事については翌期に引渡されることもある。」

「建物の工事完成基準にあつては，収益は原則として，契約目的物全部を引渡した日の属する事業年度の収益とされるので，引渡し前に授受された代金は前受金ないし預り金たるの性質をもつに過ぎないが，しかし，当該事業年度内に契約の内容たる工事の大部分が完成状態にあり，かつ，その引渡しが終了しながら，なお，一部工事が未完成であつた場合においても，右未完成部分が全工事中の極めて僅少に過ぎず，かつ，最終的な仕上げ，ないし付随的なものであつて，完成まであと僅かな時間内に処理可能で，当該事業年度に引続いて容易に完成し得るものと認められるような場合であつて，当年度内に工事代金の全部につき請求がなされていれば，右工事にかかる収益は当該事業年度に帰属すると解するを相当とする。

けだし，右の如き事情が存すれば，たとえ若干程度の工事の残りがあつたとしても，実質的にみれば，工事が当期中に完成し引渡しがあつたものと同視できるので，工事全般を当事業年度内に完成，引渡しを了したものと認めても何ら不合理ではないからである。」

引渡しの実質的な解釈というアプローチはともかく，本判決の結論には異論がないと思われる。実務上，建築工事の全部について完成引渡しがされた時期が明確とならない場合もあるが，本判決はそのような場合の取扱いとして参考になる。

図表3-3-3 本判決で未完成時に引渡しがあったと同視できるとされる場合

① 契約内容たる工事の大部分の完成引渡しがあること
② 未完成部分が僅少であり，付随的なものであること
③ 完成までにあと僅かな時間内で処理可能で，それが容易であること
④ 工事代金の全額が請求されていること

本判決は，さらに，次のように述べて，事後的な合意によって，工事が追加

された場合には，別個の工事として，収益計上時期を判断すべきとした。

【請負金額に変更・追加がある場合】
「更に，工事着手後，契約内容に仕様変更があって請負金額に変更があれば，勿論，変更後の確定された金額によるべきであるし，また，本体工事の内容とは別個に，別途工事が追加契約され，各工事内容が独立しており，金額も特定されて，代金の支払時期を異にしているような場合には，別途工事自体のみの収益帰属の時期を判断すべきである。」

これも，実務的な取扱いを示したものとして参考となる。

図表3-3-4　本判決で追加工事が別途工事とされる場合

① 追加で契約されること
② 工事内容が独立していること
③ 金額が特定していること
④ 支払時期が別であること

② 過年度遡及修正と法人税法

最近で，請負の収益の計上時期が争われた事例としては，東京地裁平成24年2月28日判決（訟月58巻8号3020頁）がある。売上計上時期に誤りがあるとの証券取引等監視委員会の指導に基づき，過年度遡及修正を行い，併せて更正の嘆願を行ったという，やや特殊な事案である。

【事案の概要】
① X社は，医薬の臨床試験の実施を業としている。
② X社は，平成21年6月，証券取引等監視委員会から，平成17年3月期に，不適切な会計処理が行われた可能性がある旨指摘を受けた。
③ X社は，第三者委員会を設置し，平成22年3月12日付で，同委員会から，平成17年3月期の売上の中に売上として計上することが適切でないものが含まれている旨の指摘を受け，同期の決算を訂正し，同月15日，有価証券報告書の訂正報告書を提出した。

④ X社が、平成17年3月期の法人税について更正を求める嘆願書を提出したところ、品川税務署長は、その一部についてのみ、減額更正をした。

まず、本判決は、請負（医薬の治験）の収益の計上時期について、次のとおり述べて、大竹貿易事件最高裁判決を引用して、権利確定主義が妥当するとした。

なお、大竹貿易事件最高裁判決は、さらに、「右の権利の確定時期に関する会計処理を、法律上どの時点で権利の行使が可能となるかという基準を唯一の基準としてしなければならないとするのは相当ではなく」と続く。しかし、本判決は、この部分を引用していない。

【権利確定主義】
「法人税法上、内国法人の各事業年度の所得の金額の計算上当該事業年度の益金の額に算入すべき金額は、別段の定めがあるものを除き、資本等取引以外の取引に係る当該事業年度の収益の額とするものとされ（22条2項）、当該事業年度の収益の額は、一般に公正妥当と認められる会計処理の基準に従って計算されるものとするとされている（同条4項）のであって、ある収益をどの事業年度に計上すべきかは、一般に公正妥当と認められる会計処理の基準に従うべきであり、これによれば、<u>収益は、その実現があった時、すなわち、その収入すべき権利が確定した時の属する年度の益金に計上すべきものと解される</u>（最高裁平成4年（行ツ）第45号同5年11月25日第一小法廷判決・民集47巻裁判（租税16）22訟務月報58巻8号9号5278頁参照）。」（下線は筆者。以下の引用も同様）

そのうえで、本判決は、次のとおり述べて、完成引渡基準に基づき、収益を計上すべきとした。その論拠も含め、法人税基本通達2-1-5と同様の考え方に依拠している。

【請負報酬の収益計上時期】
「請負報酬は、物の引渡しを要する場合は仕事の目的物の引渡しと同時に、物の引渡しを要しない場合は約定の仕事を完成した後に、支払わなければならない（民法633条）のであって、仕事の目的物の引渡し又は約定の仕事の完成により、

第3章　工事進行基準，役務提供・サービス取引の会計と税務　119

> 特約のない限り，仕事の目的物の所有権等が注文者に移転し，請負人は，注文者に対し，約定の報酬を請求することができることとなるから，請負報酬については，物の引渡しを要する場合は仕事の目的物の引渡しの時に，物の引渡しを要しない場合は約定の仕事を完成した時に，現実の収入がなくても，その収入すべき権利が確定し，その時の属する年度の益金に計上すべきものとなるというべきである。」

以上の判断枠組みを前提に，本判決は，次のとおり結論づけた。

> 【具体的な結論】
> 「これを本件についてみると，本件売上げを生ずる取引はいずれも請負であり，その実施期間はいずれも契約締結日から平成17年2月28日又は同年3月31日までとされている。」
> 「そして，請負による報酬請求権は，民法上，原則として目的物の引渡しの時に，目的物の引渡しを要しない場合には仕事の完了の時に発生するものと解されているところ，本件売上げは，いずれも原告（筆者注：X社）が，NES社ほかの注文者に対し各請負に係る成果物として調査報告書を提出し，同年2月28日又は同年3月31日に上記各注文者から各調査報告書に係る検収書を受領したことに基づいて，検収書を受領したその日において計上されたものである。」
> 「そうすると，本件売上げについて役務の提供により請負代金債権が確定した時は，遅くとも原告が上記各注文者から各調査報告書に係る検収書を受領した同年2月28日又は同年3月31日であると認めることができ，本件売上げは，法人税法上，いずれも遅くとも同年2月28日又は同年3月31日において，すなわち，これらの日の属する事業年度である本件事業年度において，収益として認識され，益金に計上されるべきものである。」

以上の判示からすれば，平成17年3月期に売上を計上するのは，当然のように思われる。

それでは，なぜ，証券取引等監視委員会及び第三者委員会は，平成17年3月期に売上を計上したことに誤りがあるとしたのか。

公表された資料によれば，X社において，契約および実施計画書で予定された内容と比べて不十分な臨床試験しか行われておらず，契約書で予定された役

務の提供があったとは認められなかったため，売上を取り消すべきとされたようである。

本判決は，このような考え方に対しても，次のとおり述べて，役務提供の内容が不十分だとしても，売上を取り消すべき理由に当たらないとした。

> 【売上を取り消すべきでない理由】
> 「一般に，人の担税力を増加させる利得は全て所得を構成し，ある利得が所得であるか否かは，その利得の原因を成す行為や事実の法的評価を離れて，実現した経済的成果に即して判定すべきであるから，仮に本件において原告（筆者注：X社）の上記主張に係る事情があるとしても，そのために本件売上げが原告の本件事業年度の益金に計上すべきものではなくなるものではなく，実際に，NES社ほかの注文者が役務の提供が十分ではなかったことを理由として契約を解除するなどし，経済的成果が消滅したときに，それに応じた処理をすることができることとなるにとどまるものである。」

権利の確定を重視する「権利確定主義」を出発点として，結論を導きながらX社の主張を排斥する場面で，特段の説明もなく，突如として，「その利得の原因を成す行為や事実の法的評価を離れて，実現した経済的成果に即して判定すべき」という点を論拠とするのは，説示としては，やや丁寧さを欠いているようにも思える。ただ，本判決は，更正の義務付けの訴えは不適法であるとして訴えを却下しており，これらの判示は傍論である。

(3) 宅地建物取引業者の不動産仲介

宅地建物取引業者の仲介手数料について，争われた裁判例がある（東京地裁昭和48年1月30日判決・判タ302号283頁）。公刊誌に，判決理由のみが記載されているため，事案等の詳細は不明であるが，課税所得の計算と企業会計との関係を考える上で興味深い判示を含んでいる。

まず，本判決は，次のとおり述べて，公正処理基準の解釈として，権利確定主義が妥当するとした。判示内容としては，前述の金沢地裁昭和32年2月27日判決と近似している（公正処理基準＝発生主義＝権利確定主義）。

第3章　工事進行基準，役務提供・サービス取引の会計と税務

【収益の計上基準】

「法人税法上，課税の対象となる所得とは，当該事業年度の益金の額から同年度の損金の額を控除した金額とされ，右益金の額は，別段の定めがあるものを除き，資本等取引以外の取引にかかる当該事業年度の収益の額である旨定められている（同法22条1，2項）。そして，右の当該事業年度の収益および損金の額は，一般に公正妥当と認められる会計処理の基準に従つて計算されるべきものである（同条4項参照。なお，同項は本件には適用されないが，その趣旨は本件においても同様に解するのが相当である。）。したがつて，法人の所得の算定にあたり，当該収益がどの事業年度におけるものであるかを決定するについても，公正妥当な会計処理の基準に従うべきものと解するのが相当である。ところで，近代企業にあつては，複雑な取引形態の下に多数の債権債務が同時に併存する実情にあるため，会計処理上いわゆる現金主義によつてはとうてい客観的かつ正確な損益を把握することができないから，これによることは適当でなく，いわゆる権利確定主義ないし発生主義によるのが公正妥当な会計処理の基準に従う所以であつて，この理は原告のような宅地建物取引業者の収益，損金についても妥当するものということができる。」

そのうえで，本判決は，次のとおり述べて，不動産仲介取引においては，契約が有効に成立し，それが行使しうる状態になった時点で，「権利の確定」があるとした。民事上の権利の発生時期に着目したところに特徴がある。

【権利確定の時期】

「宅地建物取引業者は商人であるから，依頼者に対し報酬請求権を有する（商法512条）が，不動産取引の仲介は，民事契約の仲介ではあつても，これを商事仲立と区別すべき理由がないから，特別の事情のない限り，商事仲立に関する商法550条1項を類推適用して，仲介が成功したとき，すなわち，当事者間の不動産取引の契約が有効に成立したときに，この報酬請求権が発生するものと解すべきである。そして，右報酬の額は，これについて約定があれば，宅地建物取引業法17条に基づいて定められた報酬規定による最高報酬額の限度で約定に従うべきことは，いうまでもない。

したがつて，宅地建物取引業者の報酬請求権は，仲介にかかる契約が有効に成立し，かつ，報酬額が具体的に約定されて，これを行使しうる状態になつたとき，

確定するものと解すべきである。」

さらに、本判決は、次のように述べて、課税の「適正」「公平」を論拠に、「権利確定主義」が会計原則上の「保守主義」に優先するとした。

> 【会計原則上の保守主義との関係】
> 「原告は、この点に関し、会計原則上の保守主義の原則を引用し、未収収益についてはこれを益金に計上する必要がない旨主張する。なるほど、いわゆる<u>保守主義ないし安全性の原則は、企業財政の安全をはかるために尊重されるべきであるが、課税所得の計算は、負担の適正、公平を期するために、権利確実主義の基準によるべきことは既述のとおりであつて、右保守主義の原則も、これによって限定される範囲において認められるべきものと解するのが相当である。</u>」

しかし、そもそも、会計上の保守主義の原則から、未収収益を計上しなくてよいとの結論を導くこと自体が妥当かという問題がある。そういった意味では、この判示は傍論であると考えられる。

(4) 業界慣行と収益の計上時期

法人税基本通達に、収益の計上時期に関して、一定の定めがあるが、それは網羅的なものではない。そこで、その空白を埋めるために、公官庁が業界団体に対して通達を発することがある。

そのような通達の定める経理処理基準の妥当性が争われた、興味深い事例がある（神戸地裁平成17年3月23日判決・税資255号（順号9966）。大阪高裁平成18年4月14日判決・税資256号（順号10367）も同旨）。

その事案の概要は次のとおりである。

> 【事案の概要】
> ① Ｘ社は、割賦販売法2条5項に規定する「前払式特定取引」に該当する冠婚葬祭等に関する役務の提供を業とする株式会社である。

② X社は、会員との間で、会員から、月掛金の払込みを受け、将来、その申出を受けた場合には、役務の提供をする旨の利用契約を締結し、月掛金の払込みを受けていた。
③ 原告は、払込中断後5年を経過した部分を「預り金」として計上し、法人税法上、収益として計上していなかった。

　冠婚葬祭互助協会の掛金が中断している加入者の既払済掛金の取扱いについては、旧通商産業省が、昭和55年11月20日付で、業界団体に対して、次のような内容の通達を出し、その業界団体も、それに従って標準約款および経理基準を定めていた。課税当局は、この通達を根拠に、課税処分を行った。

【通産省通達の要旨】
(ア) 月掛金が支払期日より正当な理由なく4か月以上遅延しているものについては、原則、20日以上の期間を定めて支払催告を行い、契約解除等の整理促進を図る。
(イ) 催告後に契約解除の申出があった場合及び特段の合意が成立した場合以外は、月掛金の払込中断後5年を経過した時点で、払込済掛金を雑収入に計上する。

　訴訟では、法令でもなく、国税庁の法令解釈通達でもない、通産省通達の定めに従った処理が、法人税法22条4項にいう「公正妥当と認められる会計処理の基準」に該当するか否かが争われた。
　本判決は、まず、次のように述べて、「公正妥当な会計処理基準」とは、①企業会計実務におけるルールであり、②経営者の恣意を防ぐ機能を有するとした。「権利確定主義」に関しては、特に言及していない。

【収益の計上時期】
　「法人税法二二条四項にいう『公正妥当な会計処理基準』とは、企業会計原則や、商法、証券取引法の計算規定に代表される、財務諸表の作成上の指針あるいは制約事項として、企業会計実務の中に慣習として発達具体化した会計原則をいうものであって、経営者に恣意的な会計方法の選択を許すものではなく、一般社

> 会通念に照らして公正かつ妥当であると評価されうる会計処理の基準を意味するものであると解される。」（下線は筆者。以下の引用も同様）

　そのうえで，本判決は，次のとおり述べて，企業会計原則等のルールは網羅的ではないとして，大竹貿易事件最高裁判決に根拠として引用して，業界団体における独自ルールが企業会計原則等を補完することを認め，法人税の課税所得の計算においても，依拠できるとした。「権利確定主義」という文脈ではなくて，会計慣行の尊重という文脈で，大竹貿易事件最高裁判決を引用したわけである。

> **【業界ルールによる補完】**
> 「もっとも，企業会計原則等による定めは，およそ原理的，基本的な事項に限られ，全ての企業活動について網羅的に定めるものでない。そのため，企業会計原則等に定められていない会計処理の基準であっても，一般社会通念上会計処理として公正かつ妥当と評価され得るもので，現実に継続して適用され，社会的に容認されているものであれば，会計慣行としての規範性を有するものと解される。
> 　例えば，ある業界団体がそれぞれの実情に応じて明瞭かつ簡便な会計基準を独自に定めている場合に，当該基準に従った会計処理が，社会通念上も公正かつ妥当であると認められ，かつ，業界に属する各法人において一般に広く採用されている場合には，当該慣行は企業会計原則等を補完するものといえ，法人税の課税所得の計算においても，それに依拠することが認められるものと解するのが相当である（最高裁平成五年十一月二十五日第一小法廷判決・民集四十七巻九号二十四頁）。」

　結論としても，本判決は，次のような点を勘案して，通産省通達は，①一般社会通上，公正かつ妥当であり，②互助会業界の間で，一般に広く採用されているとした。

　なお，「ある業界団体がそれぞれの実情に応じて明瞭かつ簡便な会計基準を独自に定めている場合」とするところの，「明瞭性」，「簡潔性」については，特に検討を行っていないが，本件では当然に充足するものと考えたのであろう。

> ①公正妥当性
> ・実質的に、業者が長期中断払込済掛金をその管理支配下に置いており、所得の実現があったとみることのできる状態が生じている。
> ・互助会の実体として、本人・相続人の契約の失念、所在不明などが相当数を占めている。
> ・特段の表示なく、5年程度の長期間にわたる中断状態が継続した場合には、冠婚葬祭の施行ないし長期中断払込済掛金の解約返戻等の申出が行われる可能性は低い。
> ・長期中断払込済掛金の大半は、実質的に各互助会が自由に運用し得るものであり、各互助会の利益となっている。
>
> ②会計慣行としての確立性
> ・前払月掛方式を利用している互助会の間では、通産省通達に従った経理処理が、同通達発遣後、長期間にわたり継続されている。
> ・業界団体の経理基準にも採り入れられ、現在に至るまで、主たる協会加入互助会が、おおむね通達方式に従った経理処理を行っている。

他の裁判例が、課税の独自性を導くために、大竹貿易事件最高裁判決を引用しながら、適正な課税という観点を強調するのに対して、本判決は、同じ判決を引用しながら、会計慣行の尊重すべきとした点に、本判決の特徴がある。

(5) 有料老人ホームの入居一時金の収益計上

これまで見てきたとおり、裁判例、法人税基本通達においても、役務提供の対価の収益計上時期は、原則、役務提供の完了時期だと認識は広く共有されている。

ただし、あくまで、原則的な基準であり、絶対的なものではない。法人税基本通達でも、2-1-11以下で、取引の実情に応じて、異なる基準を許容しているところである。

では、さらに進んで、役務提供の完了時期に収益計上することが法人税法上、許容されない場合がありうるのであろうか。この点と関連して、有料老人ホー

ムの入居一時金の収益計上時期が争われた裁判例があるので，紹介する（東京地裁平成22年4月28日判決・訟月57巻3号693頁。控訴審も同旨）。

> 【事案の概要】
> X社（原告）は，運営する有料老人ホームの入居者との間で，以下の3種の契約を締結していた。
> ① 終身入居契約
> 　入居者がX社に対して，入居一時金として，「会員費」（本件終身入居金）を支払い，X社が入居者の死亡まで，施設を利用させ，介護等の役務を提供する。入居者が入居日から3か月以内に解約申出又は死亡した場合には，所定の金額を返金する。
> ② 短期入居契約
> 　入居者は，X社に対して，入居一時金として，「施設利用料」を支払い，X社は入居者に対して，原則として1年間，施設を利用させ，介護等の役務を提供する。当該入居一時金は返済しない。
> ③ 京都入居契約
> 　入居者は，X社に対して，入居一時金として，「施設利用料」及び「介護に対する費用」を支払い，X社は入居者に対して，原則として1年間，施設を利用させ，介護等の役務を提供する。契約締結から5年以内に契約が終了したときは，入居一時金の一部を返済する。

　X社は，終身入居契約の「会費」（「本件終身入居金」）および京都入居契約の「介護に対する費用」のうち，①X社主張の「返済保証金」相当額および「入居者基金」相当額は，X社の益金に当たらず，②それ以外の部分は，一定の計算に基づき分割した額が，入居者の平均居住年数，平均余命等を勘案してX社の定める一定の年限（「想定入居期間」）内の各事業年度の益金として計上されるべきであり，他方，(イ)短期入居契約及び京都入居契約の「施設利用料」は，①その全額が，X社の益金であり，②当該契約の日の属する事業年度の益金として計上されるべきであるとの見解に基づき，本件各事業年度の法人税の各確定申告をした。
　これに対して，課税当局は，入金一時金のうち，返金しないことが確定した

時期の属する事業年度の収入すべき金額になるとして、課税処分を行った。

本判決は、まず、収益計上時期について、次のとおり述べて、大竹貿易事件最高裁判決を引用して、権利確定主義が妥当するとした。

> 【収益計上時期】
>
> 「法人税法上、内国法人の各事業年度の所得の金額の計算上当該事業年度の益金の額に算入すべき金額は、別段の定めがあるものを除き、資本等取引以外の取引に係る収益の額とするものとされ（同法22条2項）、当該事業年度の収益の額は、一般に公正妥当と認められる会計処理の基準に従って計算すべきものとされている（同条4項）。したがって、ある収益をどの事業年度に計上すべきかは、一般に公正妥当と認められる会計処理の基準に従うべきであり、これによれば、収益は、その実現があった時、すなわち、その収入の原因となる権利（収入すべき権利と同義。以下同じ。）が確定したときの属する年度の益金に計上すべきであり（最高裁平成4年（行ツ）第45号同5年11月25日第一小法廷判決・民集47巻9号5278頁参照）、また、その収入の原因となる権利が確定する時期は、それぞれの権利の特質を考慮し決定されるべきである（最高裁昭和50年（行ツ）第123号同53年2月24日第二小法廷判決・民集32巻1号43頁参照）。」（下線は筆者。以下の引用も同様）

なお、大竹貿易事件最高裁判決の後に引用された、最高裁昭和53年判決は、賃料増額請求があった場合の収益の計上時期について判断した所得税の判決である。そこでは最高裁は、権利確定主義を前提とした上で、「収入の原因となる権利が確定する時期はそれぞれの権利の特質を考慮し決定されるべきものである」として、①増額賃料に関して紛争が係属しており、法的には権利が確定しなくても、②仮執行宣言に基づく給付として金員を収受し、所得の実現があったとみることができる場合には、その時期の属する年分の収入金額として所得を計算すべき旨判示した。

そのうえで、本判決は、次のように判示して、本件終身入居金の収益の計上時期について、返還を要しないことが確定した時期だとした。短期入居金、京都施設入居金についても、本判決は、同様の理屈で、返還を要しないことが確定した時期に、収益計上すべきとしている。

【終身入居金の性質】
(役務提供の対価としての性質)
　「本件終身入居金は，月々の管理費，食費，水道光熱費等に係る部分を除き，入居者に対し，終身にわたり，原告の施設を利用させ，介護を提供すること等の役務に対する対価としての機能を有する一方」．

(一定の期間の役務とは具体的な対応関係にはないという性質)
　「当該役務を提供すべき期間は，入居者の死亡，当事者の解約の申出等の不確定な事情によって定まり，また，当該契約がこれらの事情によって中途で終了し，当該役務を提供すべき義務が将来に向かって消滅した場合でも，短期解約返済条項の適用があるときを除き，中途終了返済条項の定める額以外の額は，その返還を要しないという点に特徴がある。そうすると，本件終身入居金は，一定期間の役務の提供ごとに，それと具体的な対応関係をもって発生する対価からなるものではなく，上記役務を身にわたって受け得る地位に対応する対価であり，いわば賃貸借契約における返還を要しない保証金等に類するというべきである（略）。もとより，返済保証期間内に解約された場合には，中途終了返済条項の定めにより，本件終身入居金の一部額の返還を要することになるが，その額は，上記役務を提供すべき期間の残存期間に対応するものではなく，この観点からも，本件終身入居金が，役務の一定期間の提供ごとに，それと具体的な対応関係をもって発生する対価からなるものとみることはできない。」

【終身入居金の収益の計上時期】
(権利の特質に応じた収益の計上時期)
　「このような本件終身入居金に係る権利の特質に照らせば，本件終身入居金の収入の原因となる権利が確定する時期は，上記役務の提供の有無等にかかわりなく決せられるべきところ，本件終身入居契約の定めによれば，本件終身入居金は，返済保証期間内に解約されたときは，中途終了返済条項の定めに基づき，当該期間内で逓減する一部額の返還を要し（ただし，短期解約返済条項の定めがある契約が，契約後3か月以内に解約されたときは，日割りの施設利用料等の精算を要するものの，その全額の返還を要する。），返済保証期間の経過後に解約されたときは，その全額の返還を要しないことになるのであるから，その収入の原因となる権利は，期間の経過により，その返還を要しないことが確定した額ごとに，その返還を要しないことが確定した時に実現し，権利として確定するものと解する

のが相当である。」

(返還を要しないことが確定した時期の意義)
「具体的には、返済保証期間を含む各事業年度において、当該事業年度末に解約等があったと仮定した場合の本件終身入居金の返金額（ただし、当該事業年度内に実際に解約等がされた場合には、実際の返金額とする。）と当該事業年度の前の事業年度末に解約等があったと仮定した場合の本件終身入居金の返金額（ただし、当該事業年度の前の事業年度末に契約が未締結の場合には、本件終身入居金の全額とする。）との差額が、当該事業年度において返還を要しないことが確定した額であるから、当該額を当該事業年度の益金として計上すべきことになる（なお、上記の計算において、短期解約返済条項の適用がある場合には、本件終身入居金の返金額は、後記(6)にも説示するとおり、その全額であると考えるべきことになる。）」

　要するに、本判決は、本件終身入居金に係る権利が、一定期間の役務の提供と具体的な対応関係がないという点で、通常の役務提供取引とは異なるとして、役務提供完了時点ではなくて、返還を要しないことが確定した時点だとしたわけである。
　なお、本判決の控訴審（東京高裁平成23年3月30日判決）は、部分完成的な収益の計上方法についても、次のように述べて、否定している。

【部分完成的な収益の計上方法について（控訴審判決）】
　「本件終身入居契約は、入居者に対し、本件各施設入所前に、本件終身入居金を控訴人（筆者注：X社）に支払うことを義務づけており、控訴人は、入居者に対する施設の利用及び各種サービスの提供を行う前に、本件終身入居金を取得するとの契約内容になっている上、控訴人は入居者に対し施設の利用及び各種サービスなどの役務を終身にわたり提供することを義務づけられる契約内容となっているため、本件終身入居金がこの提供されるべき役務全体に対する対価であると仮定しても、入居者の死亡等による契約終了前には、契約上役務提供を義務付けられる全期間を把握して役務提供の期間に応じた対価の額を適正に確定させることは不可能である。そして、控訴人が本件終身入居金額算出の前提としたとする想定入居期間の経過前に契約が終了した場合であっても、短期解約返済条項の適

> 用があるときを除き，中途終了返済条項の定める額以外の額は，控訴人が契約上その返還義務を負うものではなく，また，想定入居期間の経過後も入居者の死亡等により契約が終了するまでの間は，控訴人は引き続き入居者に対し役務の提供を契約上義務付けられているのであって，本件終身入居契約において，想定入居期間が，同契約に係る権利の発生とその内容を左右する旨を定める条項は存在しないのである。このような契約内容に基づいて本件終身入居契約に係る権利が発生し，権利の内容が定まることに照らすと，本件終身入居金は，一定期間の役務の提供ごとに，それと具体的な対応関係をもって発生する対価からなるものではなく，上記役務を終身にわたって受け得る地位に対応する対価であり，いわば賃貸借契約における返還を要しない保証金等に類するというべきである。」

　この判決を前提とすれば，各種会費や入会手数料で，返還不要とされる場合には，特定の時点に，一括して，収益を計上すべきということになるが，企業会計で期間配分が正当化される場合には，課税上も尊重する余地があるのではないか。

4　工事進行基準，役務提供・サービス取引の総括

　第3章①(1)でみてきたとおり，工事進行基準を適用する場合の要件について，日本基準とIFRS第15号で異なっているため，日本基準では工事進行基準が適用される場合であっても，IFRS第15号では，工事進行基準が認められない場合もありうるのである。

　これに対して，税務上，工事進行基準は，第3章②(1)でみてきたとおり，完成引渡基準に対する例外的な位置づけとなっているが，長期大規模工事については，工事進行基準が強制されているのである。

　また，第3章①(2)でみてきたとおり，役務提供について日本基準では，継続した役務提供について時間の経過に基づくことになるが，そうでなければ，企業会計原則における実現主義に基づく「役務の提供の完了」を要件として考えられることが多く，税務上も，第3章②(2)より一定の場合を除き基本的に

は同様と考えられている。しかし，IFRS第15号の要件に照らした場合，進捗度に応じて収益を認識すべき場合がありうるのである。

さらに，第3章①(3)および(4)でみてきたとおり，ライセンス（実施権の供与）や入会金・加入手数料について，日本基準の一般的な定めはないが，税務上の考え方を受けて，最初に一括収益計上されることが多い。しかし，IFRS第15号の定めに基づいて判断した場合，異なる会計処理が必要となることが考えられるのである。

図表3－4－1　IFRS第15号と税務の取扱いの比較表

IFRS第15号	法人税法・法人税基本通達
(1)　工事進行基準 　例えば，顧客が，建設中の資産を転用できず，完了した部分の支払義務がある場合，工事進行基準が適用され，進捗度に応じて収益が計上される	(1)　工事進行基準 　長期大規模工事に該当する場合には，工事進行基準が適用され，進捗度に応じて収益が計上される。それ以外は，完成引渡基準，工事進行基準いずれかを選択できる
(2)　役務提供 　例えば，月次の給与処理サービスのように，顧客が月次でサービスの提供を享受・消費済みの場合や，コンサルティング・サービスのように，途中までの作業を転用できず，完了した部分の支払い義務がある場合，進捗度に応じて収益が計上される	(2)　役務提供 　原則，完成引渡日基準。ただし，製造，ソフトウェアの開発は，長期大規模工事に該当する場合は，進捗度に応じて収益が計上される。またコンサルティング・サービスのように，技術的役務の提供については，進捗に応じて代金を支払うこととされているときは，進捗度に応じて収益計上される
(3)　ライセンス 　顧客の知的財産に対して著しく影響を及ぼす活動が合理的に期待されており，その活動により，顧客が影響を受け，財・サービスが移転しない場合，進捗度に応じて収益が計上される	(3)　ライセンス 　ライセンス契約の効力発生日に収益認識する
(4)　入会金・加入手数料 　将来の財・サービスに関連する前払いの場合，将来の財・サービスが提供されたときに収益が計上される	(4)　入会金・加入手数料 　入会金・加入手数料について，返還不要とされる場合には，その時点で収益計上される，とする判例あり

なお，税務上の考え方としては，ライセンスについて，第3章2(3)より，ライセンス契約の効力が生じた時点に益金とすることが示されている（法人税基本通達）。また，入居した際の入居一時金について，第3章3(5)より，返還不要が確定した時点に益金とすることが示されている（裁判例）。

　今後，収益認識意見募集を踏まえて，新たな収益認識の会計基準等が企業会計基準委員会（ASBJ）において開発されていくものと考えられるが，これにより，現行の会計慣行に大きな影響を及ぼすものと予想されるため，法人税基本通達，判例等においても見直しがなされる可能性がある。

　ただし，このような税務の取扱いは従来どおりであるものとされる場合には，会計上と税務上の収益認識時点が異なるため，税務申告書上，申告調整をする必要があり，会計上と税務上の金額が異なることによる実務負担が生じることがありうる。

　第3章で扱った内容のうち主なものについて，IFRS第15号と税務の取扱いをまとめると前頁の**図表3-4-1**のとおりと考えられる。

第4章

金融商品と流動化の会計と税務

　第2章および第3章では，収益認識意見募集の対象とされた収益認識についてみてきたが，本章では，金融商品と流動化の収益認識について，日本の会計基準等と，IFRS第9号等を比較していくとともに，法人税法等における規定や判例等についてもみていくこととする。

1　金融商品会計基準

　金融資産・金融負債における収益認識については，消滅の認識要件を充たした場合，帳簿価額と対価（受払額）との差額を当期の損益として計上することになる（金融商品会計基準第11項）。このほか，金融資産・金融負債により生じる受取利息，支払利息，受取配当金，時価評価損益については，別途定めがなされている。

　なお，金融資産とは，現金預金，金銭債権（受取手形，売掛金，貸付金など），有価証券（原則，金融商品取引法上で定義されるもの），デリバティブ取引により生じる正味の債権等をいうものとされている。金融負債とは，金銭債務（支払手形，買掛金，借入金，社債など），デリバティブ取引により生じる正味の債務等をいうものとされている（金融商品会計基準第4項および第5項，（注1），（注1-2））。また，信託受益権における収益認識については，4 流動

化の会計基準および⑤法人税法における流動化取引に係る判決・裁決でみていく。

　有価証券については，金融商品会計実務指針第22項より，有価証券の売買契約における約定日から受渡日までの期間が市場の規則または慣行に従った通常の期間である場合，売買約定日に買手は有価証券の発生を認識し，売手は有価証券の消滅の認識を行うものとされている。ただし，修正受渡日基準も認められている。約定日から受渡日までの期間が通常の期間よりも長い場合，売買契約は先渡契約であり，買手も売手も約定日に当該先渡契約による権利義務の発生を認識する。

　基本的には，金融資産・金融負債の消滅の認識要件を検討する必要があることになるが，買手側と売手側それぞれについて要件が満たされているかどうか検討が必要とされており，具体的には**図表4-1-1**のとおりである（金融商品会計基準第9項および第10項）。

図表4-1-1　金融資産・金融負債における消滅の認識要件

		消滅の認識要件
金融資産	買手側	① 金融資産の契約上の権利について，売手およびその債権者から法的に保全されていること
		② 金融資産の契約上の権利を通常の方法で享受できること
	売手側	③ 金融資産を買戻す権利および義務を実質的に有していないこと
金融負債	売手側	金融負債の契約上の義務を履行したとき，消滅したとき，または第一次債務者の地位から免責されたとき

　金融資産・金融負債の一部が消滅の認識要件を充たした場合，当該部分の消滅を認識し，消滅部分の帳簿価額と対価（受払額）との差額が当期の損益となる。消滅部分の帳簿価額については，全体の時価に対する消滅部分と残存部分

図表4-1-2 金融商品における収益認識

金融商品の内容		関連損益の会計処理
金銭債権	取得原価と債権の金額が異なり，差額が金利調整である場合	償却原価法により，受取利息へ加減し計上
	債権利息	延滞債権等について未収利息は計上しない
有価証券	売買目的有価証券（株式，債券など）	時価評価し，取得原価との差額は，当期の損益
	満期保有目的の債券	償却原価法により，受取利息へ加減し計上
	その他有価証券（債券）	
	市場価格のある株式の受取配当金	各銘柄の配当落ち日に，前回の配当実績または公表1株当たり予想配当額に基づいて未収配当金を見積計上，もしくは市場価格のない株式と同様の方法
	市場価格のない株式の受取配当金	配当金の決議効力発生日または入金日に計上
	債券利息	利息計算期間に応じて計上し，延滞債権等について未収利息は計上しない
	投資信託の収益分配金	払込資金の払戻し相当額を除き，計算期間終了日または入金日に計上
金銭債務	入金額と債務の金額が異なり，差額が金利調整である場合	償却原価法により，支払利息へ加減し計上
デリバティブ	正味の債権・債務等	時価評価し，評価差額は，当期の損益

の時価の比率により，全体の帳簿価額を案分して計算するものとされている（金融商品会計基準第12項，金融商品会計実務指針第37項）。

　金融資産・金融負債により生じる受取利息，支払利息，受取配当金，時価評価損益についての定めは，**図表4-1-2**のとおりである（金融商品会計基準第14項から第26項，（注9），金融商品会計実務指針第74項，第94項から第96項，

第119項)。

2 国際会計基準IFRS第9号「金融商品」の概要

　IFRS第9号「金融商品」は、IAS第39号等を置き換えるものとして、2009年以降、部分的に公表されてきていたが、完全版は2014年7月に公表され、2018年1月1日以後開始する事業年度に適用され、早期適用が認められている（IFRS第9号第7.1.1項）。

　ただし、金融商品のうち、以下については適用されないものとされている（IFRS第9号第2.1項）。

- 子会社株式や関連会社株式等（IFRS第10号、IAS第27号、IAS第28号）
- リース契約（IAS第17号）
- 従業員給付（IAS第19号）
- 発行会社の資本性金融商品（IAS第32号）
- 保険契約（IFRS第4号）
- 企業結合における先渡取引（IFRS第3号）
- ローン・コミットメント（IFRS第9号第2.3項）
- 株式報酬契約（IFRS第2号）
- 引当金の決済・補填取引（IAS第37号）
- 顧客との契約（IFRS第15号）

　まず、金融資産の通常の方法による売買については、取引日または決済日に会計処理され、認識または認識の中止がなされる（IFRS第9号 第3.1.2項、B3.1.3項からB3.1.6項）。

　次に、金融資産については、キャッシュ・フローに対する契約上の権利が消滅した場合、またはリスクと経済価値のほとんどすべてを移転している場合などにおいて、認識の中止がなされる（IFRS第9号第3.2.3項から第3.2.9項）。

金融負債については，契約における債務が免責，取消，失効となった場合，あるいは，大幅に異なる条件への変更，交換の場合について，認識の中止がなされる（IFRS第9号第3.3.1項および第3.3.2項）。

金融資産・金融負債については，認識の中止の場合，帳簿価額と対価（受払額）との差額を当期の損益として計上することになり，金融資産・金融負債の一部が認識の中止となる場合，公正価値の比率に基づき，認識継続部分と認識中止部分に区分し，認識中止部分の帳簿価額と対価（受払額）との差額が当期の損益となるものとされている（IFRS第9号第3.2.12項から第3.2.14項，第3.3.3項，第3.3.4項）。

なお，認識の中止を検討している部分が次のいずれかに該当する場合，当該部分のみについて，認識の中止となりうる（IFRS第9号第3.2.2項）。そうでない場合には，金融資産全体について，認識の中止となりうるか検討される。

- ある部分が，金融資産からの具体的に特定されたキャッシュ・フローのみの場合（例えば，金利のみのキャッシュ・フロー）
- ある部分が，金融資産からのキャッシュ・フローの完全に比例的な取り分である場合（例えば，すべてのキャッシュ・フローの90％）
- ある部分が，金融資産からの具体的に特定されたキャッシュ・フローの完全に比例的な取り分である場合（例えば，金利のみのキャッシュ・フローの90％）

金融資産・金融負債により生じる受取配当金，時価評価損益についてのIFRS第9号の定めは，図表4－2－1のとおりである。

なお，金融資産のうち，資本性金融商品（非上場株式など）については，限定的な状況として，取得原価が公正価値の適切な見積りとなる場合があるものとされている。当初認識日以降，投資先における著しい変化などの兆候が生じていない場合には，取得原価による測定が認められている（B5.2.3項からB5.2.6項）。

図表4-2-1　金融商品における収益認識—IFRS第9号

金融商品の内容		会計処理
（金融資産）		
当初認識時に「指定」されたため，純損益を通じて公正価値で測定する金融資産（当初認識時に，指定されない場合，下記(A)～(C)となる）	資産・負債の測定，損益の認識が異なる基礎となり，不整合（会計上のミスマッチ）が除去・大幅に低減する場合，「指定」が認められる（第4.1.5項，B4.1.29項からB4.1.32項）	金融資産を公正価値で測定し，評価差額は損益として計上する（第5.2.1項および第5.7.1項）
償却原価で測定する金融資産(A)	・契約上のキャッシュ・フローを回収するために保有するという事業モデルであり，かつ ・契約条件により元本および元本に対する利息の支払が所定の日に生じること（第4.1.2項，第4.1.3項，B4.1.1項からB4.1.26項）	金融資産・金利収益を償却原価で測定し，実効金利法を用いて算定する（第5.2.1項および第5.4.1項，付録A，B5.4.1項からB5.4.7項）
その他の包括利益を通じて公正価値で測定する金融資産(B)	・契約上のキャッシュ・フローの回収と売却のため保有するという事業モデルであり，かつ ・契約条件により元本および元本に対する利息の支払が所定の日に生じること（第4.1.2A項，第4.1.3項，B4.1.1項からB4.1.26項）	金融資産を公正価値で測定し，評価差額はその他の包括利益として計上し，認識の中止の際に損益へ組替調整額として振り替える（第5.2.1項および第5.7.1項，第5.7.10項）
純損益を通じて公正価値で測定する金融資産(C)	上記(A)にも(B)にも該当しない場合（第4.1.4項）	金融資産を公正価値で測定し，評価差額は損益として計上する（第5.2.1項および第5.7.1項）
その他の包括利益を通じて公正価値で測定する資本性金融商品	(C)のうち，資本性金融商品について，当初認識時，取消不能の選択により，事後の公正価値の変動をその他の包括利益とすることができる（第4.1.4項，第5.7.5項，第5.7.6項）	金融資産を公正価値で測定し，評価差額はその他の包括利益として計上し，損益になることはない（第5.2.1項および第5.7.1項，第5.7.5項，第5.7.6項）

	（金融負債）	
当初認識時に「指定」されたため，純損益を通じて公正価値で測定する金融負債（当初認識時に，指定されない場合，下記(a)～(f)となる）	資産・負債の測定，損益の認識が異なる基礎となり，不整合（会計上のミスマッチ）が除去・大幅に低減する場合，あるいは，公正価値ベースで管理され業績評価され経営幹部へ提供されている場合や，組込デリバティブ契約の場合，「指定」が認められる（第4.2.2項，第4.3.5項，B4.1.29項からB4.1.36項）	金融負債を公正価値で測定し，評価差額のうち，信用リスクの変動部分はその他の包括利益のままとし，残りの部分は損益として計上する（第5.7.7項から第5.7.9項）
純損益を通じて公正価値で測定する金融負債(a)	デリバティブなど（第4.2.1項(a)）	金融資産を公正価値で測定し，評価差額は損益として計上する
認識の中止とならない金融資産の譲渡等により生じた金融負債(b)	（第4.2.1項(b)）	譲渡資産に関する収益と譲渡負債に関する費用を計上していく（第3.2.15項，第3.2.17項）
金融保証契約(c)	（第4.2.1項(c)(d)，セクション5.5）	投資損失評価引当金と，当初認識額からIFRS第15号による収益認識額の累計額を控除した金額のいずれか高い金額で事後測定する（第4.2.1項，セクション5.5）
コミットメント（市場金利を下回る金利で貸付金を提供するもの）(d)		
条件付対価(e)	IFRS第3号による企業結合において取得企業が計上したもの（第4.2.1項(e)）	IFRS第3号に従い，公正価値で測定する
償却原価で測定する金融負債(f)	上記(a)から(e)に該当しない場合（第4.2.1項）	償却原価で事後測定していく
	関連収益	
受取配当金	配当の支払いを受ける権利が確定されており，経済的便益が流入する可能性が高く，配当の金額が信頼性をもって測定できる場合，損益に認識される（第5.7.1A項）	左記の場合，損益に計上される

3 法人税法・法人税基本通達における金融商品の収益の計上基準

(1) 金融商品取引に関する法人税法の規定

　金融商品会計基準の導入とあわせて，法人税法が平成12年に改正され，金融商品の取扱いに関する新たに規定が設けられた。

　法人税法では，金融商品会計基準と異なり，金融商品に関する包括的な処理基準は設けられていない。有価証券など個別の金融商品ごとに，それぞれの取扱いが規定されている。

図表4-3-1　法人税法に規定がある金融商品

① 有価証券（法61条の2～4）
② デリバティブ取引（法61条の5）
③ ヘッジ処理（法61条の6・7）

　この法人税法の規定を受けて，法人税基本通達は，当該規定の解釈を定めている。さらに，法人税基本通達は，法人税法には直接規定のない，金銭債権の取得差額に係る調整差損益，金融資産及び金融負債の消滅の認識基準などを定めており，その規定範囲は法人税法より広い。

　以下では，金融商品に関する法人税の取扱いを概観する。

(2) 有価証券の譲渡損益

　有価証券を譲渡した場合には，その契約日（約定日）の属する事業年度に，譲渡対価の額から譲渡原価の額を控除した金額を，譲渡損益として計上しなければならない（法人税法61条の2）。

図表4-3-2　法人税法・法人税法施行令・法人税基本通達

項　目		法人税法	施行令	基本通達
有価証券	有価証券の譲渡損益	61の2	119〜119の11の2	2-1-22〜 2-1-23の4 2-3-1〜25
	売買目的有価証券の評価損益	61の3	119の12〜15	2-3-26〜34
	有価証券の空売り等に係る損益	61の4	119の16	2-1-48
	償還有価証券の調整差損益	65	139の2	2-1-32〜33
金銭債権の取得差額に係る調整差損益		—	—	2-1-34
デリバティブ取引の損益		61の5	120	2-1-35〜38 2-3-35〜44
ヘッジ	繰延ヘッジ処理による損益の繰延	61の6	121〜121の5	2-3-45〜60
	時価ヘッジ処理による売買目的有価証券の評価損益	61の7	121の6〜11	2-3-61
一般	金融資産等（金融資産・金融負債）の消滅認識	—	—	2-1-44〜46
	金融資産等の利回りが一定でない場合の損益	—	—	2-1-47

【法人税法の定め】
（有価証券の譲渡益又は譲渡損の益金又は損金算入）
第61条の2　内国法人が有価証券の譲渡をした場合には，その譲渡に係る譲渡利益額（第1号に掲げる金額が第1号に掲げる金額を超える場合におけるその超える部分の金額をいう。）又は譲渡損失額（同号に掲げる金額が第1号に掲げる金額を超える場合におけるその超える部分の金額をいう。）は，第62条から第62条の5まで（略）の規定の適用がある場合を除き，その譲渡に係る契約をした日（その譲渡が剰余金の配当その他の財務省令で定める事由によるものである場合には，当該剰余金の配当の効力が生ずる日その他の財務省令で定める日）の属する事業年度の所得の金額の計算上，益金の額又は損金の額に算入する。
一　その有価証券の譲渡に係る対価の額（第24条第1項（配当等の額とみなす金額）の規定により第23条第1項第1号又は第2号（受取配当等の益金不算入）に掲げる金額とみなされる金額がある場合には，そのみなされる金額に相当する金額を控除した金額）

> 二 その有価証券の譲渡に係る原価の額（その有価証券についてその内国法人が選定した一単位当たりの帳簿価額の算出の方法により算出した金額（算出の方法を選定しなかつた場合又は選定した方法により算出しなかつた場合には，算出の方法のうち政令で定める方法により算出した金額）にその譲渡をした有価証券の数を乗じて計算した金額をいう。）

　平成12年度の税制改正前は，有価証券の譲渡収入と譲渡原価はそれぞれ事業年度の総額で認識され，期末の評価損が譲渡原価に含まれる仕組みが採用されていた。しかし，会計実務では，個々の有価証券の譲渡損益の額と，期末の評価損益をそれぞれ別に計上していたことから，そのような会計実務にあわせるために，平成12年度の税制改正により，有価証券の譲渡損益の額は個々の取引の正味の金額とされ，期末の評価損益は別に計上することとされた（「平成12年度版改正税法のすべて」160頁）。

　また，平成12年度の税制改正前は，収益の計上時期は，棚卸資産などと同様に，引渡日時点とされていたが，平成12年度の税制改正で，約定日に変更された（取引類型に応じた約定日の解釈については，法人税基本通達2−1−22）。

　これは，①「有価証券の価額変動に伴って生ずる利益を享受する権利及び損失を負担する義務は売買等の約定をもって移転すると考えられるため，売買等の約定が済んでいる有価証券について生じた含み損益を自己の損益とするのは適当ではないと考えられること」，②「企業会計等においても，約定時に有価証券の譲渡損益を計上すべきものとされたこと等」が理由とされている（「平成12年度版改正税法のすべて」164頁）。

> 【法人税基本通達2−1−22の定める約定日】
> (1) 証券業者等に売却の媒介，取次ぎ若しくは代理の委託又は売出しの取扱いの委託をしている場合　当該委託をした有価証券の売却に関する取引が成立した日
> (2) 相対取引により有価証券を売却している場合　金融商品取引法第37条の4に規定する書面に記載される約定日，売買契約書の締結日などの当該相対取引

の約定が成立した日
(3) その譲渡損益の額が次によるものである場合　次に掲げる区分に応じ，それぞれ次に定める日
　イ　その法人の有していた株式を発行した法人の合併によるものについては，合併の効力を生ずる日（新設合併の場合は，新設合併設立法人の設立登記の日）
　ロ　その法人の有していた株式を発行した法人の分割型分割によるものについては，分割の効力を生ずる日（新設分割の場合は，新設分割設立法人の設立登記の日）
　ハ　株式交換又は株式移転によるものについては，株式交換の効力を生ずる日又は株式移転完全親法人の設立登記の日

　ただ，企業会計と法人税法とで，その取扱いが若干異なるところもある。企業会計では，期中は引渡基準で計上し，期末に約定済みで未引渡しとなっている有価証券について，売却損益および時価変動差額を処理する方法も認められている（修正受渡日基準。金融商品会計実務指針22ただし書，235）。
　他方，法人税法には，修正受渡日基準を許容する旨の規定はないから，本来的には修正受渡日基準は認められないはずである。ただ，法人税基本通達は，次のとおり定め，取得についても同様に適用することと継続適用を条件に，修正受渡日基準を許容している。

【法人税基本通達の定め】
（有価証券の譲渡による損益の計上時期の特例）
2-1-23　有価証券の譲渡損益の額は，原則として譲渡に係る契約の成立した日に計上しなければならないのであるが，令第119条の2第2項本文又は第3項《略》に規定する区分に応じ，法人が当該譲渡損益の額（事業年度終了の日において未引渡しとなっている有価証券に係る譲渡損益の額を除く。）をその有価証券の引渡しのあった日に計上している場合には，これを認める。
　（注）
　　1　有価証券の取得についても，原則として取得に係る契約の成立した日に取得したものとしなければならないのであるが，その引渡しのあった日に

> 取得したものとして経理処理をしている場合には，事業年度終了の日において未引渡しとなっている有価証券を除き，本文の譲渡の場合と同様に取り扱う。この場合，同条第1項の規定の適用についても同様とする。
> 2　本文及び（注）1の取扱いは，<u>譲渡及び取得のいずれについてもこれらの取扱いを適用している場合に限り</u>，<u>継続適用を条件</u>として認めるものとする。

なお，いわゆるクロス取引については，売却がなかったものとして，取り扱うこととされている（法人税基本通達2-1-23の4）。

(3) 有価証券の期末の評価損益

期末に有する有価証券のうち，売買目的有価証券は，法人税法上，事業年度末に，洗替方式により，時価評価を行い，それにより生じた評価損益を計上することとされている（法人税法61条の3第1項1号，2項）。

売買目的有価証券とは，次に該当する有価証券をいう（法人税法施行令119条の12）。ただし，いわゆる企業支配株式（税法独自の概念である。法人税法施行令119条の2第2項2号）に該当するものは除かれる。

> 【売買目的有価証券】
> ①　短期的に価格変動を利用して利益を得る目的（「短期売買目的」）で行う取引に専ら従事する者が，<u>短期売買目的でその取得を行った有価証券</u>
> ②　短期売買目的で取得したものとして，<u>その取得の日</u>に「売買目的有価証券」等の勘定科目により区分した有価証券（①に該当するものを除く）
> ③　短期売買目的の有価証券を取得する「金銭の信託（合同運用信託，証券投資信託等を除く）」として，信託財産となる金銭を支出した日に区分した信託のその信託財産に属する有価証券
>
> 【企業支配株式】
> 　法人の特殊関係株主等が発行済株式又は出資の総数又は総額の20％以上を保有する場合のその株式・出資
> ＊特殊関係株主等＝同族関係者（施行令4条）の特殊の関係＋それに準ずる関係

このうち、①は、運用の外形的な状況に着目して売買目的有価証券を区分しようとする趣旨であり、独立の専門部署が必要と解されている（法人税基本通達2-3-26）。金融商品会計実務指針のように、独立の専門部署が「望ましい」とされているわけではない（同指針65・268）。

他方、売買目的外有価証券は、期末に時価評価をすることは認められない。したがって、会計上、その他有価証券について、部分純資産直入法を採用して、評価損を計上したとしても、法人税法上は認められない（法人税基本通達2-3-19）。

なお、売買目的外有価証券のうち、償還期限および償還金額の定めのあるものは、償還有価証券として、償却原価法により、期末に償還差額を配分調整したところの金額によることとされ、その調整差損益（償却額）は、益金または損金算入される（法人税法施行令139条の2）。

図表4-3-3 企業会計上の区分と法人税法上の区分の差異

企業会計上の区分	企業会計上の期末処理	法人税法上の区分	法人税法上の期末処理
売買目的有価証券	時価評価差額	売買目的有価証券	時価評価差額
満期保有目的債券	償却額	売買目的外有価証券	（償還有価証券）調整差損益（償却額） （償還有価証券以外）—
子会社・関連会社株式	—		
その他有価証券	（全部純資産直入法）償却額		
	（部分純資産直入法）償却額および評価差損		

(4) 有価証券の空売り、信用取引、発行日取引

法人が、有価証券の空売り、信用取引または発行日取引の方法によって、株式の売付けまたは買付けをし、その後、同一銘柄の株式の買付けまたは売付け

にして決済をした場合には，決済のための買付けまたは売付けの約定日時点で，譲渡損益を認識する（法人税法61条の2第19項及び20項）。

ただし，期末時点で，未決済の部分がある場合には，決済があるとみなして，損益を計上する（法人税法61条の4第1項）

(5) 金銭債権の取得差額に係る調整差損益

金銭債権をその債権金額に満たない価額で取得をした場合または債権金額を超える価額で取得した場合において，その差額の全部または一部が金利の調整により生じたものであるときには，期間の経過に応じて，金利の調整により生じた部分の金額を益金の額または損金の額に算入しなければならない（法人税基本通達2-1-34）。

これも，平成12年に金融商品会計基準が導入された際に，その取扱いを踏まえて，導入されたものである（大澤・前掲171頁以下）。なお，法人税法そのものには直接，これに対応する規定はない。

ただし，この取扱いは，あくまで金利調整により生じた取得差額部分で，その算定が可能なものが対象とされており，債務者の信用リスクを反映して，不良債権を額面金額より低額で譲り受けた場合は含まないとされている（大澤・前掲172頁）。

(6) デリバティブ取引

デリバディブ取引についても，平成12年度の税制改正によって，期末において決済されていないものについては，原則として，期末に決済があったものとみなして，その損益の額を益金の額または損金の額に算入することとされた（法人税法61条の5第1項）。

このみなし決済の対象となるデリバティブ取引とは，金利，通貨の価格，商品の価格その他の指標の数値としてあらかじめ当事者間で約定された数値と将来の一定の時期における現実のそれらの指標の数値との差に基いて算出される一定の金銭の授受を約する取引またはこれに類する取引で，財務省令で定める

取引をいう（法人税法61条の5第1項）。

> 【みなし決済の対象となるデリバティブ取引】
> 金利先渡取引，オプション取引，有価証券店頭指数等先渡取引，為替先渡取引
> 選択権付債券売買，有価証券店頭オプション取引，直物為替先渡取引
> 有価証券先物取引，有価証券店頭指数等スワップ取引，店頭金融先物取引
> 有価証券指数等先物取引，金融先物取引等，商品デリバティブ取引
> 有価証券オプション取引，先物外国為替取引，クレジットデリバティブ取引
> 外国市場証券先物取引，スワップ取引，有価証券先渡取引
> 以上に類似する取引

(7) ヘッジ取引

　有価証券の空売り，信用取引，デリバディブ取引を行った場合は，原則，期末において決済されていないものであっても，決済があったものとみなして，その損益を認識する。

　しかしながら，法人が，資産（短期売買商品又は売買目的有価証券を除く）または負債の価格変動に伴って生じるおそれのある損失の額を減少させるために，デリバティブ取引を行った場合には，その資産・負債の譲渡等がなく，かつ，そのような減少のために有効であると認められるときには，当該資産・負債の譲渡があるまでは，期末に損益を認識する必要はない。将来受取または支払うこととなる金銭の額の変動に伴って生じるおそれのある損失の額を減少させるための取引も，同様である（法人税法61条の6第1項）。

図表4-3-4　繰延ヘッジ処理の対象

・売買目的有価証券を除く資産または負債の価格変動
・将来受取り又は支払うこととなる金銭の額の変動

　他方，売買目的外有価証券の価額変動により生ずるおそれのある損失の額を減少させるために，デリバティブ取引等を行った場合には，その資産・負債の

譲渡等がなく，かつ，そのような減少のために有効であると認められるときには，その売買目的外有価証券の時価と帳簿価額の差額のうち，時価基準により損益に計算されるそのデリバティブ取引等の利益額または損失額に対応する部分の金額は，損金の額または益金の額に算入する（法人税法61条の７）。

(8) 金融資産等の消滅の認識

金融資産等の消滅の認識に関しては，法人税基本通達が，次のとおり定めている。

【法人税基本通達】
（金融資産の消滅を認識する権利支配移転の範囲）
２－１－44　法人が金融資産（略）の売却等の契約をした場合において，当該契約により<u>当該金融資産に係る権利の支配が他の者に移転したときは，当該金融資産の売却等による消滅を認識する</u>のであるから，原則として，次に掲げる要件の全てを満たしているときは，当該売却等に伴い収受する金銭等の額又は当該売却等の直前の当該金融資産の帳簿価額は，当該事業年度の益金の額又は損金の額に算入する。
(1) 売却等を受けた者は，次のような要件が満たされていること等により，当該金融資産に係る権利を実質的な制約なしに行使できること。
　　イ　売却等をした者（以下２－１－44において「譲渡人」という。）は，契約又は自己の自由な意思により当該売却等を取り消すことができないこと。
　　ロ　譲渡人に倒産等の事態が生じた場合であっても譲渡人やその債権者（管財人を含む。）が売却等をした当該金融資産を取り戻す権利を有していない等，売却等がされた金融資産が譲渡人の倒産等のリスクから確実に引き離されていること。
(2) 譲渡人は，売却等をした金融資産を当該金融資産の満期日前に買い戻す権利及び義務を実質的に有していないこと。
　　（注）　新たに二次的な権利又は義務が発生する場合には，２－１－46《金融資産等の消滅時に発生する資産及び負債の取扱い》の適用があることに留意する。

これは，金融商品会計基準とは若干の表現は異なるが，基本的には，その取扱いに，法人税に係る取扱いを連動させることを目的としている。ただ，無制

限に金融商品会計基準を許容するものではない。

例えば，簿価1,000の金銭債権を1,050で譲渡する際，延滞債権を買い戻すリコース義務を負ったとする。この場合，会計商品会計基準では，財務構成要素アプローチ（金融資産を構成する各財務的要素に対する支配が移転した場合に，移転した各財務構成要素の消滅を認識する方法）により，金銭債権の消滅とともに，新たな負債を別途認識する。そして，リコース義務の時価を合理的に測定することができない場合には，その時価50とし，金融債権の譲渡による利益がゼロとなるように調整することが認められている（金融商品会計実務指針38・45）。

しかし，法人税基本通達では，このような財務構成要素アプローチは，実現した収益を計上することを否定するものであり，課税の公平性からも問題があるとして，次のような定めを置いている（大澤・前掲190頁以下）。これによれば，先の例だと，50の譲渡益を計上することになる。

【法人税基本通達】
（金融資産等の消滅時に発生する資産及び負債の取扱い）
2-1-46 金融資産等（金融商品である資産又は負債をいう。以下2-1-47において同じ。）の消滅を目的とした売却等の取引で，その取引により<u>譲渡人，原債務者等に保証債務等の二次的な権利又は義務を発生させることとなるものを行った場合</u>において，当該譲渡人，原債務者等である法人が，<u>これらの潜在する二次的な権利又は義務に見合う金額として新たな資産又は負債を計上し</u>，当該計上した金額を当該売却等の対価である受払金額に加算し，又は受払金額から控除して<u>当該売却等に係る損益の額を計算しているとき</u>は，原則として，<u>当該新たな資産又は負債として区分経理したものがないものとしたところ</u>により，売却等に係る損益の額を計算する。（略）

このように，法人税基本通達は，財務構成要素アプローチを否定している。では，金融資産の消滅に関して，財務構成要素アプローチと並ぶもう一つの考え方，リスク・経済価値アプローチ（金融資産のリスクと経済価値のほとんど全てが他に移転した場合にその金融資産の消滅を認識する方法）が採用されて

いるか否かは明らかではない（後述する，東京地裁平成25年2月25日判決は，リスク・経済価値アプローチを否定的に評価している）。

4 流動化の会計基準—日本基準と国際会計基準

(1) 不動産流動化

　企業は，保有する不動産を売却する場合，通常の売却取引をするのではなく，いったん信託銀行などとの契約により，不動産を信託することにより信託受益権を受け取ったうえで，信託受益権を売却することがある。これは，流動化といわれる取引であり，不動産から将来得られるキャッシュ・フローが信託により隔離され分割されることになるため，多数の投資家が資金を拠出しやすいスキームとされている。

　取引の流れとしては，まず，企業が保有する不動産について信託銀行と契約し，信託受益権（例えば，優先受益権と劣後受益権）を受け取る。次に，信託受益権のうち，優先受益権について特別目的会社へ売却し，特別目的会社では投資家から資金の拠出を受けて，優先受益権を購入する。取引のイメージ図は**図表4-4-1**のとおりである。

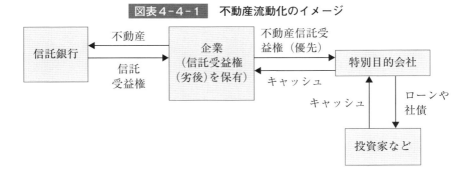

図表4-4-1　不動産流動化のイメージ

　日本基準の取扱い（個別財務諸表）としては，まず，企業が保有する不動産

について信託を設定した時点の会計処理については,「信託の会計処理に関する実務上の取扱い」(企業会計基準委員会) Q3において定めがある。

図表4-4-1の場合,企業は委託者兼当初受益者であり,単数の場合に該当することとなるため,企業は信託財産(不動産)を直接保有する場合と同様の会計処理を行うことになり,信託設定による損益が計上されることはない。なお,「特別目的会社を活用した不動産の流動化に係る譲渡人の会計処理に関する実務指針」(日本公認会計士協会) 第44項においても,信託受益権の売買であっても,信託財産(不動産)の売買と同様に取り扱うものとされている。

次に,企業は,優先部分と劣後部分に分割された信託受益権のうち,優先部分を売却することとなるが,収益認識の要件として,不動産全体に関するリスクと経済価値のほとんどすべてが他の者に移転する場合,売却処理をするものとされている。

この点については,「特別目的会社を活用した不動産の流動化に係る譲渡人の会計処理に関する実務指針」第13項および第21項において具体的な定めがなされている。

不動産全体に関するリスクと経済価値のほとんどすべてが他の者に移転したかどうか判断するため,リスク負担を,流動化する不動産がその価値の全てを失った場合に生ずる損失であるとして,一般的に以下に示したリスク負担割合によって判定し,流動化する不動産の譲渡時の適正な価額(時価)に対するリスク負担の金額の割合がおおむね5%の範囲内であれば,リスクと経済価値のほとんどすべてが他の者に移転しているとして取り扱うとされている。

> リスク負担割合＝リスク負担の金額÷流動化する不動産の譲渡時の適正な価額(時価)

信託受益権について優先部分と劣後部分に分割されている場合には,上記の算式のうち,「リスク負担の金額」は,譲渡人(企業)が保有する信託受益権(劣後)の時価が用いられ,「流動化する不動産の譲渡時の適正な価額(時価)」は,信託受益権の全体の時価が用いられることにより,リスク負担割合が算定

されることとなる。

　例えば，**図表４-４-１**において，企業が，不動産として，土地（簿価1,000，時価1,200）および建物（簿価1,000，時価1,200）を信託することとし，優先信託受益権および劣後信託受益権を受け取り，優先信託受益権については特別目的会社へ時価2,300で売却することとなり，特別目的会社は投資家へ社債2,300を発行したものとする。

　この場合，信託受益権の全体の時価は，土地および建物の時価合計と一致するため，2,400（＝1,200＋1,200）となり，企業が保有する劣後信託受益権の時価は，100（＝2,400－2,300）となるため，企業のリスク負担割合は，４％（＝100÷2,400）と算定される。

　したがって，リスク負担の金額の割合がおおむね５％の範囲内であり，リスクと経済価値のほとんどすべてが他の者に移転しているとして取り扱われるため，企業は，優先信託受益権を売却取引として，土地および建物のうち96％（＝100％－４％）を売却したものとして，次のとおり会計処理することとなる。

```
（借）現金預金　2,300　　　（貸）土地　　　　　　　960＊1
　　　　　　　　　　　　　　　　建物　　　　　　　960＊2
　　　　　　　　　　　　　　　　固定資産売却益　　 380
```
　　　　　　　　　　　　　　＊１　土地の簿価1,000×96％
　　　　　　　　　　　　　　＊２　建物の簿価1,000×96％

　なお，土地および建物が賃貸物件の場合には，企業が保有する劣後信託受益権の配当がなされるため，賃貸収入勘定で計上することや，信託銀行に対する管理手数料や残存建物の減価償却費などについては賃貸原価勘定で計上していくこととされている（「特別目的会社を活用した不動産の流動化に係る譲渡人の会計処理に関する実務指針」設例３）。

【連結財務諸表の扱い】

　連結財務諸表については，まず，企業が保有する不動産について信託を設定した時点では，前述のとおり，企業は信託財産（不動産）を直接保有する場合

と同様の会計処理をおこなっているため，特段の連結仕訳は不要と考えられる。

次に，企業は，優先部分と劣後部分に分割された信託受益権のうち，優先部分を特別目的会社へ売却することとなるが，劣後部分については，信託財産（不動産）を直接保有する場合と同様の会計処理をおこなっているため，特段の連結仕訳は不要と考えられる。

ただし，特別目的会社について，連結対象とされるかどうかが論点となりうる。「連結財務諸表における子会社及び関連会社の範囲の決定に関する監査上の留意点についてのQ&A」（日本公認会計士協会）Q13のA(1)において，企業が特別目的会社の重要な財務および営業または事業の方針の決定を支配する契約等により，権利義務および損益等が実質的に企業に帰属すると認められる場合，通常，子会社に該当するものとされている。

しかしながら，このような場合でも，連結会計基準第7-2項より，特別目的会社が，次の要件を満たしている場合には，企業から独立しているものと認め，子会社に該当しないものと推定されるのである。

・適正な価額で譲り受けた資産から生ずる収益を，当該特別目的会社が発行する証券の所有者に享受させることを目的として設立されていること
・当該特別目的会社の事業がその目的に従って適切に遂行されていること

なお，「一定の特別目的会社に係る開示に関する適用指針」（企業会計基準委員会）第3項では，連結会計基準第7-2項より子会社に該当しないものと推定された特別目的会社（開示対象特別目的会社）について次の注記をすることが定められている。

・開示対象特別目的会社の概要及び開示対象特別目的会社を利用した取引の概要
・開示対象特別目的会社との取引金額等

【国際会計基準の扱い】

不動産の売却取引について，賃貸物件の場合，IAS第40号「投資不動産」に定めがあり，それ以外の通常使用の場合，IAS第16号「有形固定資産」に定めがある。

IAS第40号第66項および第67項，IAS第16号第67項から第69項において認識の中止に関する定めがなされており，いずれもIFRS第15号における履行義務がいつ充足されるか判断する必要があり，支配が移転した時点で売却損益が計上されることとされている。

しかしながら，日本基準のように信託や特別目的会社を利用した取引について定めがなされておらず，個別財務諸表の扱いも明らかではない。

実務では，日本基準と同様の考え方による方法もありうるが，以下では，いったん信託や特別目的会社へ支配が移転し履行義務が充足されたとする前提により，連結財務諸表上の扱いをみていくこととしたい。

ここで，国際会計基準では，IFRS第10号「連結財務諸表」において，次の要素をすべて有しているかと判断される場合，投資先を支配しているため，連結する必要があるものとされている（IFRS第10号第5項から第7項）。

> (a) 投資先に対するパワー
> (b) 投資先への関与により生じる変動リターンに対するエクスポージャーまたは権利
> (c) 投資者のリターンの金額に影響を及ぼすように，投資先に対するパワーを用いる能力

まず，企業が保有する不動産について信託を設定した時点について，不動産が企業から信託へ支配が移転したものとすると，売却損益が計上されるが，連結財務諸表上，企業が信託受益権をすべて保有することとなるため，信託は子会社に該当するものと判断された場合，不動産は連結され，当該売却損益はグループ内取引として全額消去されるものと考えられる。

次に，企業は，優先部分と劣後部分に分割された信託受益権のうち，優先部分を特別目的会社へ売却することとなるが，劣後部分を保有していることから，信託は子会社に該当するものと判断された場合，不動産および優先受益権は連結され，売却損益はグループ内取引として全額消去されるものと考えられる。

(2) 金融商品流動化

　企業は，保有する金融資産を売却する場合，通常の売却取引をするのではなく，いったん信託銀行などとの契約により，金融資産を信託することにより信託受益権を受け取ったうえで，信託受益権を売却することがある。これは，流動化といわれる取引であり，金融資産から将来得られるキャッシュ・フローが信託により隔離され分割されることになるため，多数の投資家が資金を拠出しやすいスキームとされている。

　取引の流れとしては，まず，企業が保有する金融資産について信託銀行と契約し，信託受益権（例えば，優先受益権と劣後受益権）を受け取る。次に，信託受益権のうち，優先受益権について，直接投資家などへ売却する場合もあれば，いったん特別目的会社へ売却し，特別目的会社では投資家から資金の拠出を受けて，優先受益権を購入する。取引のイメージ図は**図表4-4-2**のとおりである。

　日本基準の取扱いとしては，まず，企業が保有する金融資産について信託を設定した時点の会計処理については，「信託の会計処理に関する実務上の取扱い」（企業会計基準委員会）Q3において定めがある。

　図表4-4-2の場合，企業は委託者兼当初受益者であり，単数の場合に該当することとなるため，企業は信託財産（金融資産）を直接保有する場合と同様の会計処理を行うことになり，信託設定による損益が計上されることはない。

　次に，企業は，優先部分と劣後部分に分割された信託受益権のうち，優先部分を売却することとなるが，金融商品会計実務指針第291項より，優先受益権の売却として会計処理するためには，優先受益権が消滅の認識要件を満たして譲渡される必要があるものとされている。

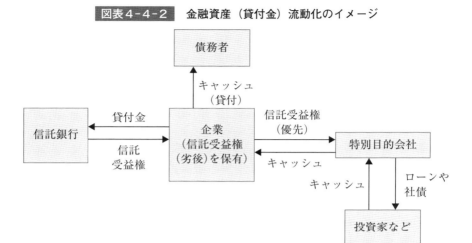

図表4-4-2 金融資産（貸付金）流動化のイメージ

金融資産の消滅の認識要件については，①の**図表4-1-1**より，次のとおりである。

図表4-4-3 消滅の認識要件

		消滅の認識要件
金融資産	買手側	① 金融資産の契約上の権利について，売手およびその債権者から法的に保全されていること
		② 金融資産の契約上の権利を通常の方法で享受できること
	売手側	③ 金融資産を買戻す権利および義務を実質的に有していないこと

図表4-4-2の場合，譲受人（買手側）が信託および特別目的会社となることから，金融商品会計基準（注4）および第9項(2)より，信託および特別目的会社が以下の要件を満たしている場合には，信託および特別目的会社が発行する証券の保有者を譲受人（買手側）とみなして，上記の要件②「金融資産の契約上の権利を通常の方法で享受できること」を適用するものとされている。

> 1. 適正な価額で譲り受けた金融資産から生じる収益を，証券の保有者に享受させることを目的として設立されていること
> 2. 事業において，1.の目的に従って適切に遂行されていると認められること

このような要件が満たされていることにより，優先受益権が消滅の認識要件を満たして譲渡される場合には，企業が保有する劣後受益権については，新たな金融資産ではなく，金融資産の残存部分として会計処理されることとなる（金融商品会計実務指針第100項(2)および第291項）。

例えば，**図表4-4-2**において，企業が，貸付金（簿価205,000，時価227,000）を信託することとし，優先信託受益権および劣後信託受益権を受け取り，優先信託受益権については特別目的会社へ時価175,000で売却することとなり，特別目的会社は投資家へ社債175,000を発行したものとする。

この場合，信託受益権の全体の時価は，貸付金の時価227,000と一致するため，企業が保有する劣後信託受益権の時価は，52,000（＝227,000－175,000）となる。

上記に記載した優先受益権の消滅の認識要件が満たされたとする前提において，次のとおり会計処理することとなる。

(借) 現金預金	175,000	(貸) 貸付金	158,000＊
		貸付金売却益	17,000

＊優先信託受益権の比率は77％（＝175,000÷227,000）であるため，時価按分により，貸付金の簿価205,000×77％＝158,000となる。

なお，当該取引の結果，企業は残存部分として貸付金47,000（＝205,000－158,000）を計上することとなり，将来キャッシュ・フローの現在価値が取得価額に一致するような割引率（実効利子率）に基づいて，償却原価法が適用されることとなり，原則は利息法であるが，定額法も認められている（金融商品会計実務指針第105項）。また，利息の支払時期または支払額が不規則な場合でも，これらと同様に会計処理するものとされている（金融商品会計実務指針第

131項および第307項）。

【連結財務諸表の扱い】

連結財務諸表については，まず，企業が保有する金融資産について信託を設定した時点では，前述のとおり，企業は信託財産（金融資産）を直接保有する場合と同様の会計処理を行っているため，特段の連結仕訳は不要と考えられる。

次に，企業は，優先部分と劣後部分に分割された信託受益権のうち，優先部分を特別目的会社へ売却することとなるが，劣後部分については，信託財産（金融資産）を直接保有する場合と同様の会計処理を行っているため，特段の連結仕訳は不要と考えられる。

ただし，特別目的会社について，連結対象とされるかどうかが論点となりうる。「連結財務諸表における子会社及び関連会社の範囲の決定に関する監査上の留意点についてのQ&A」（日本公認会計士協会）Q13のA(1)(3)において，企業が特別目的会社の重要な財務および営業または事業の方針の決定を支配する契約等により，権利義務および損益等が実質的に企業に帰属すると認められる場合，通常，子会社に該当するものとされている。

しかしながら，このような場合でも，連結会計基準第7-2項より，特別目的会社が，次の要件を満たしている場合には，企業から独立しているものと認め，子会社に該当しないものと推定されるのである。

・適正な価額で譲り受けた資産から生ずる収益を，当該特別目的会社が発行する証券の所有者に享受させることを目的として設立されていること
・当該特別目的会社の事業がその目的に従って適切に遂行されていること

なお，「一定の特別目的会社に係る開示に関する適用指針」（企業会計基準委員会）第3項では，連結会計基準第7-2項より子会社に該当しないものと推定された特別目的会社（開示対象特別目的会社）について次の注記をすることが定められている。

第4章 金融商品と流動化の会計と税務 159

- 開示対象特別目的会社の概要及び開示対象特別目的会社を利用した取引の概要
- 開示対象特別目的会社との取引金額等

【国際会計基準の扱い】

金融資産の売却取引については、本章の2でみてきたとおり、IFRS第9号より、キャッシュ・フローに対する契約上の権利が消滅した場合、またはリスクと経済価値のほとんどすべてを移転している場合などにおいて、認識の中止が定められている。

さらに、次のいずれかに該当する場合には、当該部分のみについて認識の中止となりうるとされている。

- ある部分が、金融資産からの具体的に特定されたキャッシュ・フローのみの場合（例えば、金利のみのキャッシュ・フロー）
- ある部分が、金融資産からのキャッシュ・フローの完全に比例的な取り分である場合（例えば、すべてのキャッシュ・フローの90％）
- ある部分が、金融資産からの具体的に特定されたキャッシュ・フローの完全に比例的な取り分である場合（例えば、金利のみのキャッシュ・フローの90％）

しかしながら、日本基準のように信託や特別目的会社を利用した取引について定めがなされておらず、個別財務諸表の扱いも明らかではない。

実務では、日本基準と同様の考え方による方法もありうるが、以下では、いったん信託や特別目的会社へリスクと経済価値のほとんどすべて、あるいは、一部分が移転されたという前提により、連結財務諸表上の扱いをみていくこととしたい。

ここで、国際会計基準では、IFRS第10号「連結財務諸表」において、次の

要素をすべて有しているかと判断される場合，投資先を支配しているため，連結する必要があるものとされている（IFRS第10号第5項から第7項）。

> (a) 投資先に対するパワー
> (b) 投資先への関与により生じる変動リターンに対するエクスポージャーまたは権利
> (c) 投資者のリターンの金額に影響を及ぼすように，投資先に対するパワーを用いる能力

　まず，企業が保有する金融資産について信託を設定した時点について，金融資産が企業から信託へ支配が移転したものとすると，売却損益が計上されるが，連結財務諸表上，企業が信託受益権をすべて保有することとなるため，信託は子会社に該当するものと判断された場合，金融資産は連結され，当該売却損益はグループ内取引として全額消去されるものと考えられる。

　次に，上記の(a)から(c)のいずれかに該当した場合，企業は，優先部分と劣後部分に分割された信託受益権のうち，優先部分を特別目的会社へ売却することとなる。しかしながら，企業は劣後部分を保有していることから，信託は子会社に該当するものと判断された場合，優先受益権は連結され，売却損益はグループ内取引として全額消去されるものと考えられる。

5　法人税法における流動化取引に係る判決・裁決

(1)　信託受益権の譲渡益の計上時期が争われた事例

　不動産流動化取引に関しては，信託受益権の譲渡益の計上時期が争われた事例がある（東京地裁平成25年2月25日判決・税資263号（順号12154，東京高裁平成25年7月19日判決・訟月60巻5号1103頁）。

　事案の概要は次のとおりである。

【事案の概要】

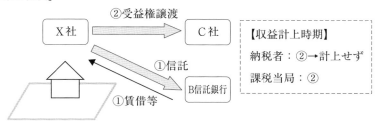

① X社は，家庭用電気製品の売買等を目的とする上場企業である。
② X社は，平成14年8月23日，資金調達のため，B信託銀行との間で，所有する土地および建物等（「本件信託財産」）を信託財産とする信託契約を締結し，信託受益権を取得し，当該信託受益権を，新たに新設されたC社に譲渡した。
　　また，X社は，同日，B信託銀行との間で，本件信託財産の賃借及び管理運営の受託に関する契約を締結した。
③ X社は，平成19年9月20日，C社との間で，信託受益権を311億円で買い戻す旨の停止条件付売買契約を締結し，同年10月22日に停止条件が成就して，その効力が発生した。また，X社は，同日，B信託銀行との間で，信託契約，賃貸借契約及び管理委託契約を終了させる旨を合意した。
④ X社は，平成14年8月期に，信託受益権の譲渡を，本件信託財産を譲渡したものと取り扱って，信託受益権の譲渡代金290億円から，本件信託財産の帳簿価格263億9000万円を控除した，26億1000万円を収益の額に計上し，その後の事業年度においても，これを前提とした処理を行った。
⑤ その後，X社は，平成20年12月，証券取引等監視委員会から，「特別目的会社を活用した不動産の流動化に係る譲渡人の会計処理に関する実務指針」（平成12年7月31日付日本公認会計士協会。「不動産流動化実務指針」）に従って，信託受益権の譲渡を金融取引として取り扱い，本件信託財産を資産計上すべきとして，行政指導を受け，平成14年8月期に遡って会計処理を訂正し，平成21年2月20日，有価証券報告書の訂正届出書等を提出した。
⑥ そして，X社は，平成21年6月12日，平成20年8月期（「本件事業年度」）の法人税について，会計処理の訂正に伴い，平成14年8月期の法人税について，更正の請求をしたところ，課税当局は，更正をすべき理由ない旨の通知処分をした。

この事案が特殊なのは，証券取引等監視委員会からの指導に基づき，不動産流動化実務指針に従った会計処理及び税務処理を行ったところ，税務当局が，そのような税務処理を否認したという点である。

　訴訟では，不動産流動化実務指針が，法人税法22条4項にいう「一般に公正妥当と認められる会計処理の基準」に該当するか否かが争点となった。結論からいえば，東京地裁平成25年2月25日判決及び東京高裁平成25年7月19日判決は，<u>不動産流動化実務指針は，法人税法22条4項にいう「一般に公正妥当と認められる会計処理の基準」に該当しないと結論づけた</u>。

　これは，一見すれば，非常識な結論のようにも思える。では，なぜ，証券取引等監視委員会が正当と認めた不動産流動化実務指針が，「一般に構成妥当と認められる会計処理の基準」に該当しないとされたのか。

　東京地裁平成25判決が，そのような結論を導いた論理過程を，以下では詳しく見ていく（東京高裁平成25年判決も同旨である）。

　まず，東京地裁平成25年判決は，次のとおり，法人税法が，収益の帰属について，<u>原則，法律関係に基いて判断するとの立場をとっているとした</u>。

【法人税法における法律関係の重要性】

　「<u>法人税法は，資産又は事業から生ずる収益に係る法律関係を基礎に，それが実質的には他の法人等がその収益として享受するものであると認められる場合を除き，当該収益が法律上帰属する主体に着目して，法人税の課税に係る同法の規定の適用の在り方を決するものとするところ</u>（同法11条），旧法人税法12条1項本文は，別紙『関係法令等の定め』2(1)記載のとおり，信託財産に帰せられる収入及び支出について，受益者が特定している場合は，その受益者が当該信託財産を有するものとみなして，法人税法の規定を適用する旨を定めているが（略），これは，信託が，財産の所有及びその管理等とその利益とを分離して，信託の利益を受益者に享受させるものである（略）ことから，このような実質に即し，<u>法人税法上，信託財産に帰せられる収入及び支出は受益者に帰属するものとして取り扱うこととしたものと解される</u>（なお，土地信託に関する通達3-1及び3-2参照）。」（下線は筆者。以下の引用も同様）

法人税法11条は,「資産又は事業から生ずる収益の法律上帰属すると認められる者」が名義人である場合には,収益を享受する法人に収益が帰属するものとして,法人税法の規定を適用する旨を規定している。この規定は,確かに,誰に所得が帰属するかという点に関しては,「法律上帰属する」か否かを原則的な基準としているようにも読める（金子・前掲171頁参照。他の考え方もある）。

　東京地裁平成25年判決は,このような法人税法11条の定めを手がかりとして,「法人税法は,収益が法律上帰属する主体に着目して,法人税の課税に係る同法の規定の適用の在り方を決する」との一般則を導いたわけである。

　他方,東京地裁平成25年判決は,法人税法22条4項の規定の意義について,その沿革を踏まえながら,次のとおり整理した。

【公正処理基準の意義】
　「①法人税法22条4項の定めは,税法といわゆる企業会計原則との調整に関する議論を経て,政府税制調査会が,昭和41年9月,『税制簡素化についての中間報告』において,課税所得は,本来,税法・通達という一連の別個の体系のみによって構成されるものではなく,税法以前の概念や原理を前提とするものであるが,絶えず流動する社会経済の事象を反映する課税所得については,税法において完結的にこれを規制するよりも,適切に運用されている会計慣行に委ねることの方がより適当と思われる部分が相当多く,このような観点を明らかにするため,税法において,課税所得は納税者たる企業が継続して適用する健全な会計慣行によって計算する旨の基本規定を設けるとともに,税法においては,企業会計に関する計算原理規定は除外して,必要最小限度の税法独自の計算原理を規定することが適当である旨の『税制簡素化についての中間報告』を発表し,次いで,同年12月,これと同旨の『税制簡素化についての第一次答申』を発表したことを受け,昭和42年度の税制改正において新設されたものであり（証拠略）」,
　「②同項の税会計処理基準とは,客観的な規範性を有する公正妥当と認められる会計処理の基準を意味し,企業会計の実務の中に慣習として発達したものの中から一般に公正妥当と認められたところを要約したものとされるいわゆる企業会計原則をいうものではなく,同項は,企業が会計処理において用いている基準ないし慣行のうち,一般に公正妥当と認められないもののみを税法で認めないこととし,原則としては企業の会計処理を認めるという基本方針を示したものである（略）」

ここでは、法人税法22条4項が導入された経緯を踏まえ、同項でいう「一般に公正妥当と認められる会計処理の基準」とは、「企業会計原則」という特定のルールを指すのではなくて、「<u>客観的な規範性を有する</u>公正妥当と認められる会計処理の基準」をいうものと整理している。そして、その趣旨は、原則として、企業が会計処理において用いている基準・慣行を税法上も尊重するところにあると解している。

　問題は、ここでいう「規範性」の中身である。上記①の経緯を前提とすれば、ここでいう「客観的な規範性」とは、企業会計の観点から判断することを前提としているようにも読める。少なくとも、その経緯からは、<u>法人税法に明文のないところ</u>で、税法独自の観点から判断するということまでは読み取れない。またここで「企業が会計処理において用いている基準ないし慣行のうち、一般に公正妥当と認められないもののみを<u>税法</u>で認めない」との判示における「税法」も、明文の規定を意味するようにも読める。

　しかし、この後に、東京地裁平成25年判決は、このような立法の経緯等と併せて、次のとおり、文言上、企業会計の基準に準拠するとまでは読めないことを挙げており、立法の経緯等も、税法独自の観点から「規範性」を判断するということの論拠となると評価しているようである。

【法律上の文言も「企業会計」ではない】
　「このような同項の立法の経緯及び趣旨のほか、同項が、『企業会計の基準』等の文言を用いず、<u>『一般に公正妥当と認められる会計処理の基準』と規定していること</u>にも照らせば」

　以上を踏まえて、東京地裁平成25年判決は、最終的に、次のとおり、結論づけた。

【公正処理基準の意義】
① 「同項は、同法における所得の金額の計算に係る規定及び制度を簡素なものとすることを旨として設けられた規定であり」、

② 「現に法人のした収益等の額の計算が，適正な課税及び納税義務の履行の確保を目的（同法1条参照）とする同法の公平な所得計算という要請に反するものでない限り，法人税の課税標準である所得の金額の計算上もこれを是認するのが相当であるとの見地から定められたものと解され（最高裁平成5年判決参照）」，
③ 「法人が収益等の額の計算に当たって採った会計処理の基準がそこにいう『一般に公正妥当と認められる会計処理の基準』（税会計処理基準）に該当するといえるか否かについては，上記に述べたところを目的とする同法の独自の観点から判断されるものであって，企業会計上の公正妥当な会計処理の基準（公正会計基準）とされるものと常に一致することを前提とするものではないと解するのが相当である」
④ 「（なお，同法，商法及び企業会計原則の三者の会計処理において，近年，それらの間の差異を縮小する調整よりも，それらの各会計処理それぞれの独自性が強調され，三者間のかい離が進んでいる旨の指摘〔証拠略〕や，企業会計にいわゆる国際会計基準を導入した場合，企業会計の指向と法人税の理念とが相反することが予想される旨の日本公認会計士協会の研究報告〔証拠略〕があり，同項の税会計処理基準が公正会計基準と常に一致するものではないことは，一般に当然の前提として理解されているものということができる。）」

①は，それ以前の立法過程に係る判示の確認に過ぎない。問題は，②および③である。②では，法人税法22条4項が，例外的に，企業の会計処理を尊重しないことを想定しているのは，「適正な課税及び納税義務の履行の確保を目的とする同法の公平な所得計算という要請に反する」場合であるとしている。

そして，ここでは，その結論を支えるものとして，法人税法1条が引用されている。企業会計に完全に依拠するとまでは解釈できない以上は，法人税法1条に定める法律そのものの趣旨に立ち返って「一般に公正妥当と認められる判断したということなのであろうか（酒井克彦「法人税法22条4項にいう公正処理基準の法規範性（上）」66頁以下参照）。

実は，ここまでの論理展開は，大竹貿易事件最高裁判決の原審判決（大阪高裁平成3年12月19日判決）とほぼ同一であり（「客観的な規範性をもつ公正妥当と認められる会計処理の基準」との判示がある。），そこでも，「一般に公正

図表4-5-1 大竹貿易事件控訴審判決および東京地裁平成25年判決

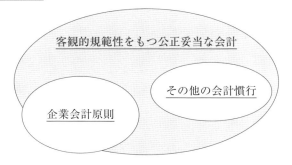

妥当と認められる会計処理の基準」とは，企業会計原則のみを意味するのではなくて，他の会計慣行を含み，他方，企業会計原則であっても解釈上採用し得ない場合もあるとしていたのである。

このような論理を踏まえて，東京地裁平成25年判決は評価の対象となる不動産流動化実務指針の内実を，次のとおりであると認定した。

【不動産流動化実務指針の特徴】
「不動産流動化実務指針が税会計処理基準に該当するか否かについては，同指針は，別紙『関係法令等の定め』3記載のとおり，①特別目的会社を活用した不動産の流動化（不動産を特別目的会社に譲渡する〔不動産の信託に係る受益権を譲渡した場合を含む。同指針19項〕ことにより，当該不動産を資金化することをいう。同指針2項）に係る譲渡人の会計処理についての取扱いを統一するために取りまとめられたものであり（同指針1項），②当該不動産を売却したものとする取扱いをするか否かについては，当該不動産が法的に譲渡されていること及び資金が譲渡人に流入していることを前提に，『リスク・経済価値アプローチ』によって判断するものとし（同指針3項），③具体的には，当該不動産が特別目的会社に適正な価額で譲渡されており，かつ，当該不動産のリスク（経済環境の変化等の要因によって当該不動産の価値が下落することをいう。同指針4項）及びその経済価値（当該不動産を保有，使用又は処分することによって生ずる経済的利益を得る権利に基づく価値をいう。同項）のほとんど全てが譲受人である特別目的会社を通じて他の者に移転していると認められる場合には，譲渡人は当該不動産の譲渡を売却取引として会計処理するが，そのように認められない場合には，

第4章　金融商品と流動化の会計と税務　167

> 譲渡人は当該不動産の譲渡を金融取引として会計処理するものとした上で（同指針5項），④このリスク及び経済価値の移転の判断については，譲渡人に残るリスク負担割合がおおむね5％の範囲内であれば，不動産のリスク及びその経済価値のほとんど全てが他の者に移転しているものとして取り扱い（同指針13項），⑤その際，譲渡人の子会社等が特別目的会社に出資をしていること等により，当該子会社等が当該不動産に関する何らかのリスクを負っている場合には，当該子会社等が負担するリスクを譲渡人が負担するリスクに加えてリスク負担割合を判定するものとする（同指針16項）旨を定めている。
> 　このように，同指針は，その対象を同指針にいう特別目的会社を活用した不動産の流動化がされた場合に限って，当該不動産又はその信託に係る受益権の譲渡人の会計処理についての取扱いを定めたものであり，当該不動産又はその信託に係る受益権の譲渡を当該不動産の売却として取り扱うべきか否かについて，当該不動産等が法的に譲渡され，かつ，その対価を譲渡人が収入しているときであっても，なお，子会社等を含む譲渡人に残された同指針のいう意味での不動産のリスクの程度を考慮して，これを金融取引として取り扱うことがあるとしたものである。

　ここでは，不動産流動化実務指針が，①適用場面が限定されており，②法的な観点から離れた，「リスク・経済アプローチ」を採用していることが強調されている。適用場面が限定されている部分を強調しているのは，他の場面と異なる取扱いをすることで，「公平」さが保たれないという趣旨であろうか。
　このような論理からすれば，結論は明らかである。

> **【結論】**
> ①　「法人税法は，既に述べたとおり，適正な課税及び納税義務の履行を確保することを目的とし，資産又は事業から生ずる収益に係る法律関係を基礎に，それが実質的には他の法人等がその収益として享受するものであると認められる場合を除き，基本的に収入の原因となった法律関係に従って，各事業年度の収益として実現した金額を当該事業年度の益金の額に算入するなどし，当該事業年度の所得の金額を計算すべきものとしていると解されるところ」，
> ②　「当該事業年度の収益等の額の計算に当たり，本件におけるように，信託に

> 係る受益権が契約により法的に譲渡され，当該契約に定められた対価を現に収入した場合（この場合に同法上収益の実現があったと解すべきことは明らかである。）において，それが実質的には他の法人等がその収益として享受するものであると認められる場合ではなくても，また，同法において他の法人との関係を考慮することができると定められたときにも当たらないにもかかわらず，なお，他の法人との関係をも考慮し，当該収入の原因となった法律関係を離れて，当該譲渡を有償による信託に係る受益権の譲渡とは認識せず，専ら譲渡人について，当該譲渡に係る収益の実現があったとしないものとする取扱いを定めた同指針については，既に述べたところを目的とする同法の公平な所得計算という要請とは別の観点に立って定められたものとして，税会計処理基準に該当するものとは解し難いといわざるを得ないものである。」

上記①の「適正な課税及び納税義務の履行を確保」という部分は法人税法22条4項に係る部分を踏まえたものであり，また，「資産又は事業から生ずる収益に係る法律関係を基礎に，それが実質的には他の法人等がその収益として享受するものであると認められる場合を除き，基本的に収入の原因となった法律関係に従って」という部分は，法人税法11条に係る部分での判示を踏まえたものと思われる。

そのうえで，上記②で，法的な譲渡があり，収益の「実現」があったにもかかわらず，「実現」として認めない不動産流動化実務指針は，同法の公平な所得計算という要請とは別の観点に立って定められたものとして，「一般に公正妥当と認められる会計処理の基準」に該当しないとした。

ここでも，大竹貿易事件最高裁判決と同様に，尊重できる会計処理の外延を，法的な権利関係を重視する権利確定主義（＝実現主義）が画するとの考え方が現れている。その意味で，本判決は，大竹貿易事件最高裁判決と同じような考え方に基いているといえる。

【参考:大竹貿易事件最高裁事件判決の定める外延】
「右の権利の確定時期に関する会計処理を,法律上どの時点で権利の行使が可能となるかという基準を唯一の基準としてしなければならないとするのは相当でなく,取引の経済的実態からみて合理的なものとみられる収益計上の基準の中から,当該法人が特定の基準を選択し,継続してその基準によって収益を計上している場合には,法人税法上も右会計処理を正当なものとして是認すべきである。しかし,その権利の実現が未確定であるにもかかわらずこれを収益に計上したり,既に確定した収入すべき権利を現金の回収を待って収益に計上するなどの会計処理は,一般に公正妥当と認められる会計処理の基準に適合するものとは認め難いものというべきである」

(2) 信託受益権に対する配当金の計上金額が争われた事例

さらに東京地裁平成25年判決と同時期に,企業が採用した企業会計の実務指針が,「一般に公正妥当と認められる会計処理の基準」に該当するか否かが争われた事例がある(東京地裁平成24年11月2日判決・税資262号(順号12088),東京高裁平成26年8月29日判決・裁判所ウェブサイト)。

事案の概要は次のとおりである。

【事案の概要】

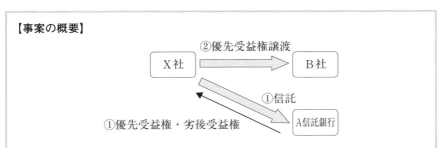

① X社は,平成15年2月3日,A信託銀行との間で,信託契約を締結し,X社が保有する元本総額204億7431万6907円相当分の住宅ローン債権を信託譲渡するとともに,元本金額175億円の優先受益権及び元本金額29億7431万6907円の劣後受益権を取得した。

② X社は，平成15年2月5日，A信託銀行との間で，1億8250万9299円の金銭を追加信託し，劣後受益権の元本に上乗せをし，劣後受益権の元本金額は31億5682万6206円に増額された。

③ X社は，平成15年2月14日，B社に対し，優先受益権を175億円で売却し，これにより，X社は本件劣後受益権のみを保有することになった。

④ X社は，平成15年3月期において，B社に対する優先受益権の売却により，優先受益権はX社の貸借対照表に計上されなくなることから，金融商品会計実務指針37項の規定する「金融資産の消滅時に譲渡人に何らかの権利・義務が存在する場合」に該当するとして，同項の定めに従い，以下のとおり，優先受益権の売却益を計上し，劣後受益権の簿価を48億8873万9847円とする会計処理を行った。

優先受益権の元本金額175億円－譲渡原価157億6808万6359円＝売却益17億3191万3641円

譲渡原価157億6808万6359円＝住宅ローン債権の帳簿価格204億7431万6907円×（優先受益権の時価174億9998万0265円／住宅ローン債権の時価227億2312万1479円）

劣後受益権の帳簿価格48億8873万9847円＝住宅ローン債権の帳簿価格204億7431万6907円－譲渡原価157億6808万6359円＋1億8250万9299円

⑤ X社は，平成16年3月期，平成17年3月期及び平成18年3月期に，劣後受益権の収益配当金の会計処理につき，金融商品会計実務指針105項の適用があるものとして，同項の「受取利息」に相当する「買入金銭債権利息額」及び同項の「元本の回収」に相当する「買入金銭債権償還額」に区分し，買入金銭債権利息額のみを収益に計上し，買入金銭債権償還額については収益に計上せず，同額を劣後受益権の帳簿価額から減額する処理を行った。

東京高裁平成26年判決は，前述した東京地裁平成25年判決とは逆に，企業が採用した企業会計の実務指針を，「一般に公正妥当と認められる会計処理の基準」に該当していると判断した。

では、東京地裁平成25年判決とは、どこが違うのだろうか。東京高裁平成26年判決が、そのような結論を導いた論理過程を、詳しく見ていこう。

まず、問題となった会計基準は、金融商品会計実務指針105項である。

> 【金融商品会計実務指針105項】
> 債　権
> 債務者の信用リスクを反映した債権の取得価額と償却原価法
> 105.　債権の支払日までの金利を反映して債権金額と異なる価額で債権を取得した場合には、取得時に取得価額で貸借対照表に計上し、取得価額と債権金額との差額（以下「取得差額」という。）について償却原価法に基づき処理を行う。この場合、将来キャッシュ・フローの現在価値が取得価額に一致するような割引率（実効利子率）に基づいて、債務者からの入金額を元本の回収と受取利息とに区分する。償却原価法の適用については利息法によることを原則とするが、契約上、元利の支払が弁済期限に一括して行われる場合又は規則的に行われることとなっている場合には、定額法によることができる。なお、債権の取得価額が、債務者の信用リスクを反映して債権金額より低くなっている場合には、信用リスクによる価値の低下を加味して将来キャッシュ・フローを合理的に見積もった上で償却原価法を適用する。

東京高裁平成26年判決は、次のとおり述べて、出発点として、問題となる金融商品会計実務指針105項が、「一般に公正妥当と認められる会計処理の基準」に従った適法な処理であると解した。しかし、なぜ、そのように解しうるかの根拠は、実はそれほど明らかではない。金融会計実務指針105項は、財務構成要素アプローチを取っているとされているが（同244項）、法人税基本通達2－1－44は、前述したとおり、その財務構成要素アプローチに対して否定的な態度を取っているのである。東京地裁平成25年判決の判断枠組みによれば、税務独自の観点からの検証が必要なはずであるが、少なくとも、東京高裁平成26年判決は、明示的には、そのような検証を行っていない。

【金融商品会計実務指針105項の意義】
「一般に，金融商品会計実務指針105項の要件に該当する場合において，その債権の取得価額と債権金額の差額について同項所定の償却原価法により会計処理することは，法人税法22条4項にいう『一般に公正妥当と認められる会計処理の基準』に従った適法な処理であると解され，この点については当事者間に争いがない。」

「したがって，金融商品会計実務指針105項が，本件各劣後受益権について適用されるかを検討し，適用があるとするなら，これに従った会計処理は，法人税法22条4項にいう『一般に公正妥当と認められる会計処理の基準』に従った適法な処理であることになり，仮に，適用がないとした場合においては，これを類推適用して，本件各劣後受益権について，金融商品会計実務指針105項と同様の会計処理を行ったことが，一般に公正妥当と認められる会計処理であったかを検討することとなる」（下線は筆者。以下の引用も同様）

ここで，興味深いのは，金融商品会計事務指針105条が適用できない場合であっても，これを「類推適用」して，金融商品会計実務指針105項と同様の会計処理を行ったことが，「一般に公正妥当と認められる会計処理の基準」に該当しうると解した点である。

東京高裁平成26年判決は，そのうえで，金融商品会計実務指針105項にいう「債権の取得」について，同指針100項(2)を踏まえながら，次のように判断した。

【債権の取得の意味】
「控訴人が，本件信託契約によって受託者に譲渡した住宅ローン債権を，受託者において，優先と劣後の2つの信託受益権に分け，控訴人がその劣後受益権を保有するに至った場合（略），信託受益権の評価方法について定めた金融商品会計実務指針100項(2)は，『信託受益権が優先劣後等のように質的に分割されており，信託受益権の保有者が複数である場合には，信託を一種の事業体とみなして，当該受益権を信託に対する金銭債権（貸付金等）の取得又は信託からの有価証券（債券，株式等）の購入とみなして取り扱う。』としつつ，」

「ただし書きにおいて，『ただし，企業が信託財産構成物である金融資産の委託者である場合で，かつ，信託財産構成物が委託者たる譲渡人にとって金融資産の

消滅の認識要件を満たす場合には，譲渡人の保有する信託受益権は新たな金融資産ではなく，<u>譲渡金融資産の残存部分として評価する。</u>』と定めている。そして，ただし書きの背景事情について説明した金融商品会計実務指針291項は，『企業が自ら保有する金融資産を信託するとともに，信託受益権を優先と劣後に分割し，その劣後受益権を自らが保有して優先受益権を第三者に譲渡する場合，（中略）<u>自らが保有する劣後受益権は，新たな金融資産の購入としてではなく，信託した金融資産の残存部分として評価する必要がある。</u>』としている。

　すなわち，<u>金融商品会計実務指針100項(2)ただし書き及びこの背景事情について説明した291項によれば，本件の控訴人のように，自ら保有する住宅ローン債権という金融資産を信託するとともに，その信託受益権を優先と劣後に分割し，本件各劣後受益権を自らが保有して，本件各優先受益権を第三者に譲渡する場合においては，控訴人の保有する本件各劣後受益権は，新たな金融資産を購入して取得したものではなく，信託した金融資産である住宅ローン債権の残存部分として評価する必要があるとしているのであって，これによれば，控訴人が本件信託契約によって保有するに至った本件各劣後受益権は，第三者からの購入を想定している金融商品会計実務指針105項にいう『債権を取得した場合』には該当しないと解すべきことになる。</u>

　したがって，<u>本件各劣後受益権について，金融商品会計実務指針105項は，類推適用の是非は別として，これをそのまま適用することを想定した規定ではないと解すべきことになる。</u>」

　ここでは，金融商品会計実務指針105項にいう「債権を取得した場合」の解釈に当たって，法的な観点からではなくて，あくまで，企業会計（金融商品会計実務指針）の観点から，「債権を取得した」といえるかどうかを判断すべきだと解しているようである。

　そして，本件では，金融商品会計実務指針100項(2)および291項に照らして，X社は，劣後受益権を取得したことにならない，と判断した。

　そうすると，前述の枠組みからすると，金融商品会計実務指針105項の類推適用したことが，「一般に公正妥当と認められる会計処理の基準」に該当するか否かを検討すべき，ということになる。

　そこで，東京高裁平成26年判決は，次のとおり，「一般に公正妥当と認めら

れる会計処理の基準」について，大竹貿易事件最高裁判決の基準を援用した。

【公正処理基準の趣旨】

「収益の計上基準（時期）に関しては，法人税法上，内国法人の各事業年度の所得の金額の計算上当該事業年度の益金の額に算入すべき金額は，別段の定めがあるものを除き，資本等取引以外の取引に係る収益の額とするものとされ（22条2項），当該事業年度の収益の額は，一般に公正妥当と認められる会計処理の基準に従って計算すべきものとされている（同条4項）。したがって，ある収益をどの事業年度に計上すべきかは，一般に公正妥当と認められる会計処理の基準に従うべきであり，これによれば，収益は，その実現があった時，すなわち，その収入すべき権利が確定したときの属する年度の益金に計上すべきものと考えられる。もっとも，法人税法22条4項は，現に法人のした利益計算が法人税法の企図する公平な所得計算という要請に反するものでない限り，課税所得の計算上もこれを是認するのが相当であるとの見地から，収益を一般に公正妥当と認められる会計処理の基準に従って計上すべきものと定めたものと解されるから，右の権利の確定時期に関する会計処理を，法律上どの時点で権利の行使が可能となるかという基準を唯一の基準としてしなければならないとするのは相当ではなく，取引の経済的実態からみて合理的なものとみられる収益計上の基準の中から，当該法人が特定の基準を選択し，継続してその基準によって収益を計上している場合には，法人税法上も右会計処理を正当なものとして是認すべきであると解される（最高裁判所平成5年11月25日第一小法廷判決民集47巻9号5278頁）。」

「そうすると，取引の経済的実態からみて合理的なものとみられる収益計上の基準の中から，特定の基準を選択し，継続してその基準によって収益を計上している場合には，法人税法上もその会計処理を正当なものとして是認すべきであるから，控訴人が，本件各劣後受益権につき，金融商品会計実務指針105項と同様の会計処理をし，継続して同様の処理基準により収益を計上したことが，取引の経済的実態からみて合理的なものである場合には，これにより会計処理をすることも許容される，いいかえれば，金融商品会計実務指針105項を類推適用した場合と同様の会計処理することは，法人税法上も正当なものとして是認されるべきであるといえる。」

ここでは，大竹貿易事件最高裁判決の判示のうち，権利確定主義による限界という点ではなくて，法的基準を絶対的な基準とするものではないと判示した

ところに重点が置かれているようである。

そして、法的な基準によらない場合の、金融商品会計実務指針105条を類推適用することが「取引の経済的実体からみて合理的なものである場合」か否かについて検討するために、まず、同条の趣旨を、割引率による利息計算を会計処理に反映させるものだと認定した。

> 【金融商品会計実務指針の類推適用】
> 「(ア) 金融商品会計実務指針105項は、『<u>債権の支払日までの金利を反映して債権金額と異なる価額で債権を取得した場合には、取得時に取得価額で貸借対照表に計上し、取得価額と債権金額との差額（以下「取得差額」という。）について償却原価法に基づき処理を行う。</u>』と定め、取引の対象となる債権の支払日までの金利を反映して、弁済期に支払を受け得る元本金額と異なる金額で債権を取得した場合には、債権を取得した時の取得価額で貸借対照表に計上し、取得差額について償却原価法、すなわちその差額を弁済期までの残存期間で按分して当該債権の貸借対照表上の価額を増減させる方法によって処理することとし、また、『<u>この場合、将来キャッシュ・フローの現在価値が取得価額に一致するような割引率（実効利子率）に基づいて、債務者からの入金額を元本の回収と受取利息とに区分する。</u>』と定め、将来の満期時における当該債権の価値に現実の取得価額が一致するように引き直した場合にその算定された割引率（実効利子率）を用いて、当該債権の債務者から入金される額を『元本の回収』と『受取利息』に区分して処理することとしている。」
>
> 「このように金融商品会計実務指針105項は、債権の支払日が将来の期日であることから、その間の金利を反映して債権の元本金額よりも高い金額（あるいは低い金額）で取得した場合には、<u>その差額をその支払日までの期間にわたって期間配分するものとして、上記のように割引率（実効利子率）を定め、それに基づいて算定された額をその債権の受取利息とすることが合理的であることから、その方法で算定された受取利息額が、実際に受領した利息額より多いあるいは少ない場合は、その差額分を債権の帳簿価額に加算あるいは減算させてことによって、割引率（実効利子率）による利息の計算を会計処理に反映させるように償却原価法による処理を行う</u>こととしたものであると解される。」

そのうえで、東京高裁平成26年判決は、次のとおり、劣後受益権の元本額と

帳簿価額と差額は，金利を反映したものであると認定して，金融商品会計実務指針105項と類似した利益状況にあるとした。

> 【類推適用を正当化する事情】
> 「(イ) 前記争いのない事実等（原判決引用部分）によれば，本件債権1についてみれば，控訴人（筆者注：X社）は，元本総額204億7431万6907円相当分の住宅ローン債権をA信託銀行に信託譲渡し，これと引き替えに，元本金額175億円の本件優先受益権1及び元本金額29億7431万6907円の本件劣後受益権1を受領し，本件優先受益権1をBに対して元本金額と同額の175億円で売却していることが認められる。そしてまた，控訴人は，金融商品会計実務指針37項の規定に従い，本件債権1の消滅直前の帳簿価額204億7431万6907円に消滅した金融資産である本件優先受益権1の時価174億9998万0265円を乗じ，本件債権1の時価227億2312万1479円で除した額である157億6808万6359円を譲渡原価として，譲渡金額175億円から前記譲渡原価を差し引いた17億3191万3641円を譲渡益として計上し，本件劣後受益権1の帳簿価額を，本件債権1の帳簿価額204億7431万6907円から本件優先受益権1の譲渡原価を差し引いた額に追加信託の額を加えた48億8873万9847円としたものであることが認められる。
> 　さらに，前記争いのない事実等（原判決引用部分）によれば，本件信託契約上，本件債権1の利息その他信託財産から生じる収益を信託の収益として，本件優先受益権1及び本件劣後受益権1に関する元本の償還は，信託受託者により受領されたすべての元本回収金の額から行われ，収益の配当は，信託受託者により受領されたすべての利息回収金の額から行われるものとされ，本件劣後受益権1に対する収益の配当は，本件債権1の利息その他の信託財産から生じる信託の収益から，公租公課，信託報酬等の期中運営コストを差し引いた上，本件優先受益権1に対する収益の配当が支払われた後に残余の収益がある場合に行われるという内容となっていることが認められる。
> 　そして，収益の配当は，本件優先受益権1については，ベースレートに年率0.48パーセントあるいは年率0.70パーセントを加えた年率及び年率1.78パーセントを予定収益配当率としているところ，控訴人の本件各事業年度の収益配当率は，おおむね5ないし10パーセントであり，その収益配当金は，本件優先受益権1の収益配当金を上回る金額となっている（甲39，乙7の1ないし36）。したがって，本件劣後受益権1の元本金額と帳簿価額の差額部分は，住宅ローン債権である本件債権1が，高金利となっていて，その利息部分が本件劣後受益権1に帰属した

ことから生じる差異の部分が含まれているといえ，このことは，本件劣後受益権2においても同様である。
　㈦　そうすると，以上を総合して，本件各劣後受益権については，経済的な実態として金融商品会計実務指針105項の『金利を反映して』債権金額と異なる価額で債権を保有しているということができ，また，この点において同項と類似した利益状況となっているということができると解される。」

　さらに，東京高裁平成26年判決は，次のとおり述べて，別の角度からも，金融商品会計実務指針105項と類似の状況にあるとした。しかし，企業会計の観点から，「取得した」とはいえないとしたうえで，「取得した」と利益状況が類似している，という判断は，ややわかりにくいところがあるように思われる。

　㈡　なお，控訴人が本件各劣後受益権を保有することによっては，金融資産の新たな購入とみることはできず，「債権を取得した」とはいえないから，本件に金融商品会計実務指針105項をそのまま適用することができないことは前記(2)のとおりであるが，本件各劣後受益権の内容は，控訴人が保有していた住宅ローン債権とは，元本の償還の時期，利息の利率などを異にし，信託受益権を優先受益権，劣後受益権と質的に異なるものとして分割され，その劣後受益権を保有するに至ったもので，住宅ローン債権の単純な残存部分とはいえないから，住宅ローン債権とは異なる内容の債権を保有するに至ったといえるのであって，この状況は，「債権を取得した」という利益状況に類似しているということができると解される。
　㈤　本件各劣後受益権の元本の償還は，信託受託者により受領された元本回収金から行われ，本件差額が元本として償還されることはないから，本件各劣後受益権の収益配当金を各事業年度の「受取利息」としてその全額を収益として計上すると，取引終了時すなわち信託終了時の事業年度において，本件差額は，損失として計上されることとなる。
　㈥　以上の状況を前提に，控訴人が，信託終了時の事業年度において，財産の減少がないにもかかわらず，本件差額の部分を損失として計上することは，経済的実態と齟齬すると判断して，そのような事態を回避するため，金融商品会計実務指針105項と同様の会計処理をすることを選択し，本件各劣後受益権の収益配当金につき，同様の会計処理することは，前記㈦及び㈡の利益状況の類似性を併せ考えると，取引の経済的実態からみての合理性を否定されるものとはいえない

> と解すべきである。

　このように，東京高裁平成26年判決は，「権利確定主義＝実現主義」に基づく，法的な観点からの検証はほとんど行わず，金融商品会計実務指針が「一般に公正妥当な会計処理の基準に該当する」ことを前提に，その基準と経済的な状況が類似するか否かという，会計的・経済的な観点から，検証が行われた点に特徴がある。したがって，「権利確定主義＝実現主義」を重視する立場からすれば，このようなアプローチは不当ということになる（金子・前掲325頁）。

6　金融商品と流動化の総括

　まず，通常の金融商品に関して，日本の金融商品会計基準等と法人税法等との比較については，1金融商品会計基準および3法人税法・法人税基本通達における金融商品の収益の計上基準でみてきたとおり，売買目的有価証券の定義が若干異なるなど，規定の仕方が異なる面はあるものの，実務上，基本的に同様の取扱いがなされているものと考えられる。

　なお，金融商品会計基準等では，その他有価証券を期末日の時価にて計上するものとされているが，全部純資産直入法の場合，時価評価差額について，損益計算書には計上されないため，税務上の課税所得計算に影響を及ぼすことがないため，法人税法等における取扱いと同様の結果となる。ただし，部分純資産直入法における評価差損については，税務上の損金としては認められないものとされている。

　また，国際会計基準IFRS第9号においては，2の**図表4-2-1**より，次の項目については，時価評価差額がその他の包括利益として計上されるが，損益になることはない。

> ・その他の包括利益を通じて公正価値で測定する資本性金融商品
> ・当初認識時に「指定」されたため，純損益を通じて公正価値で測定する金融負債について，信用リスクの変動部分

　これは，日本の金融商品会計基準等のその他有価証券とは異なり，売却等をした場合であっても，損益になることはないため，仮に，個別財務諸表上，IFRS第9号と同様の扱いが定められた場合には，課税所得計算の対象とするため税務申告書における申告調整が必要とされるものと考えられるのである。

　次に，流動化取引（不動産，金融商品）に関して，日本の会計基準等と税務との比較については，③から⑤でみてきたとおり，次のような，異なる面が見受けられてきている。

> ・金融資産等の消滅時に発生する資産または負債を計上すること（会計基準等の財務構成要素アプローチ）は認めないという法人税基本通達2-1-46
> ・不動産流動化実務指針に基づき，収益認識を訂正した会計処理（金融取引とした会計処理）を認めないという裁判例

　一方で，金融商品流動化においては，金融商品会計実務指針第105項の考え方が認められた裁判例もあるのである。
　このように，税務における「一般に公正妥当と認められる会計処理の基準」（税会計処理基準）は，必ずしも確立されたものはないものと考えられることから，税務リスクに備えるためには，税務上，税務申告書における申告調整により収益認識をすることになるのであろう。

過年度遡及（その2）会計（見積りの変更・誤謬）と税務

コラム2では，会計方針を変更する場合における「会計上の変更及び誤謬の訂正に関する会計基準」の定めをみてきたが，IFRS第15号における収益認識のいては，会計上の見積りが必要になるケースが多くなることから，場合によっては，会計上の見積りの変更や誤謬が生じることも考えられる。

「会計上の変更及び誤謬の訂正に関する会計基準」第4項，第17項から第22項において，次のとおり定めがなされている。

【会計上の見積りの変更】
・新たに入手可能となった情報に基づいて，過去に財務諸表を作成する際に行った会計上の見積りを変更する場合が該当し，当期および将来にわたり変更後の見積りに基づく会計処理をする。
・有形固定資産等の減価償却費方法および無形資産の償却方法についても，会計方針に該当するものの，会計方針の変更と会計上の見積りの変更と区別することが困難とみなして，当期および将来にわたり変更後の見積りに基づく会計処理をする。

【過去の誤謬】
・過去の財務諸表における誤謬が発見された場合，修正再表示をする。
・表示期間より前の期間に関する修正再表示による累積的影響額は，表示する財務諸表のうち，最も古い期間の期首の資産，負債及び純資産の額に反映する。
　なお，誤謬とは，原因となる行為が意図的か否かにかかわらず，財務諸表作成時に入手可能な情報を使用しなかったか，誤用により，①財務諸表の基礎となるデータの収集または処理上の誤り，②事実の見落としや誤解から生じる会計上の見積りの誤り，③会計方針の適用誤りまたは表示方法の誤りをいう。

　過去の誤謬について，会社法等に基づく計算書類等および連結計算書類については，当事業年度に修正再表示がなされていても，前事業年度以前の計算書類等および連結計算書類が，法的な承認手続を経て，有効に確定している限り，変更することは予定されていないようである。

これに対して，金融商品取引法等に基づく有価証券報告書については，重要な事項の変更などにより訂正する必要があるとき，訂正報告書が提出されるため（金融商品取引法第24条の2第1項，第7条），基本的に，訂正報告書により過去の誤謬が訂正され，過去の誤謬の修正再表示は不要となる実務に留意が必要である（新起草方針に基づく改正版「監査基準委員会報告書第63号『過年度の比較情報―対応数値と比較財務諸表』」の公表について 前書文）。

　税務上の扱いとしては，「法人が『会計上の変更および誤謬の訂正に関する会計基準』を適用した場合の税務処理について（情報）」が国税庁より公表されており，遡及処理が行われた場合でも，過年度の確定申告において誤った課税所得の計算を行っていたのでなければ，過年度の法人税の課税所得の金額や税額に対して影響を及ぼさないことが明らかとなっている。

　すなわち，課税所得計算へ影響を及ぼさない修正の場合には，別表五（一）へ修正項目を追加し，当該修正項目と繰越損益金の期首金額をあるべき金額となるように修正することになる。課税所得計算へ影響を及ぼす修正の場合には，別表五（一）の期首金額をあるべき金額となるように修正するとともに，別表四にて申告調整をすることになる。

　ただし，誤謬の訂正の場合，前期の修正申告あるいは更正の請求をするための所要の手続もできることになる。

　このように会計処理および税務上の扱いへ影響を及ぼすことから，税効果会計についても見直しをすることになり，税効果会計の見直しによる影響額が生じるようであれば，その点も勘案することになるものと考えられる。「税効果会計に関するQ&A」Q13では，会計方針の変更に伴う遡及適用や，過去の誤謬の修正再表示が行われた場合における税効果会計の適用について定められている。

第 5 章

税効果会計と繰延税金資産の回収可能性の考え方

　これまで会計処理と税務上の扱いとの相違点についてみてきたが，この相違点を踏まえて，税効果会計が適用されることになる。

　本章では，基本的な税効果会計の考え方や会計処理について確認していくことにしたい。

1　税効果会計の考え方

　まず，税効果会計とはどのような会計処理か見ていくことにしたい。

　これまで，理解が容易となるよう，会計基準等に従った会計処理と税務上の課税所得計算とを別個に記述してきたが，両者を踏まえたうえで，さらなる会計処理が必要となるのが，税効果会計であるが，単純な例をもとに確認していく。なお，税率は30％としてみていく。

　例えば，商品を仕入れて販売する会社があり，第1期に商品の売買により，キャッシュの入金1,000，出金600であったとすると，キャッシュ・フローは，プラス400ということになる。

　会計処理について，当期中に商品100を販売し支配を移転したが，入金が翌期になった場合，売上1,100（＝入金1,000＋売掛金100）となる。

　また，従業員を雇用しているため，翌期以降の会社負担分について退職給付

引当金繰入額（退職給付費用）100を計上すると，費用600（＝出金500＋100）となり，利益500（＝1,100－600）ということになる。

これに対し税務上，売上とすべき金額100が未計上であり，また，費用の中には税務上認められない退職給付費用100が含まれていると想定すると，益金1,200（＝収益1,100＋100），損金500（＝費用600－退職給付費用100）となり，課税所得700（＝1,200－500）ということになる。

このように，キャッシュ・フローへ様々な調整がなされることにより，会計上の利益，税務上の課税所得が計算されていくのである。

そして，課税所得700に対して税金210（＝700×税率30％）が計算されることにより，翌期，税金を支払う必要があることから，当期の会計処理において税金費用を計上し，翌期のキャッシュ・フローのマイナス項目となるのである。

これらをまとめると以下のとおりとなる。なお，実際の申告書では，会計処理を前提として，税金計算がなされるため，税引前利益500へ申告調整（加算200，減算0）をすることにより課税所得700が計算されることになるが，同じ結果となる。

図表5-1-1　会計処理と税金計算（第1期）

【第1期】

キャッシュ（参考）	会計処理	税金計算
入金　1,000 出金　　500 ネット　500 翌期，税金210が出金となる	収益　1,100 費用　　600 税引前利益　500 法人税等　210 税引後利益　290	益金　1,200 損金　　500 課税所得　700 700×30％＝210

それでは，第2期において，第1期に売上計上されていなかった商品100の支配が移転したため売上を計上し，従業員が退職したため，退職金100を支

払ったとしよう。

第2期もキャッシュ・フローの入金1,000は変わらず，出金は，810（＝500＋退職金100＋税金210）となったとする。

会計処理では，期末の売掛金が200であったとすると，収益1,100（＝入金1,000＋期末売掛金200－期首売掛金100）となる。

退職金の支払いについては，既に引当金（負債）を計上していたことと，税金の支払いについても未払金を計上していたため，当期の費用へ影響なく，費用は，500（＝出金810－退職給付引当金100－未払金210），税引前利益は，600（＝1,100－500）となる。

さらに，税務上，第1期に益金としてプラスした金額100を第2期は，マイナスするとともに，退職金100の支払いについて損金とすることが認められたとすると，益金1,000（＝収益1,100－100），損金600（＝費用500＋退職金支払100）となり，課税所得400（＝1,000－600）ということになる。

これらをまとめると，第2期は以下のとおりとなる。

図表5-1-2　会計処理と税金計算（第2期）

【第2期】

キャッシュ（参考）	会計処理	税金計算
入金　1,000 出金　810 ネット　190 翌期，税金120が出金となる	収益　1,100 費用　500 税引前利益　600 法人税等　120 税引後利益　480	益金　1,000 損金　600 課税所得　400 400×30％＝120

このように，第1期と第2期を比べてみると，会計処理の収益・費用と税務上の益金・損金は各期において異なっており，会計処理について税引前利益に

対する法人税等の金額の比率も各期において異なることになり，第1期42％（＝210÷500），第2期20％（＝120÷600）となる。

ただし，第1期と第2期を合計すると，（210＋120）÷（500＋600）＝30％となり，税率30％と一致するのである。

すなわち，売上および退職給付費用について第1期に会計と税務の差異があったものが，第2期になって差異が解消したという，一時差異200の存在が原因である。

収益，費用に一時差異が生じていたということは，相手勘定である売掛金（資産），退職給付引当金（負債）についても，会計上の金額と税務上の金額に一時差異が生じていたのである。

このような一時差異の取扱いについては，会計と税務の考え方が異なることにより生じたものであることからすると，そのような影響がなるべく会計処理へ及ばないようにする考え方を背景とした処理が，税効果会計である。

次に，税効果会計を適用した会計処理についてみていくことにする。

税効果会計では，一時差異へ実効税率を乗じることにより調整計算がなされる。具体的な実効税率の算定方法は，後述することにするが，本書では30％とする。

前述のケースでは，売掛金（資産）・売上，退職給付引当金（負債）・退職給付費用のみから一時差異が生じているが，他にも様々な勘定科目から生じることになる。

会計上の資産または負債の額と税務上の資産または負債の額に相違が生じる場合，一時差異が生じるものとされている（税効果会計基準第二一2）。

一時差異が生じると，税効果会計では，一時差異の合計額に対して，実効税率を乗じることにより，「法人税等調整額」が損益計算書に計上される。

その相手勘定科目としては，翌期以降に課税所得の減算により差異が解消される場合，すなわち将来減算一時差異の場合には，「繰延税金資産」が資産として計上される。逆に，翌期以降に課税所得の加算により差異が解消される場

合,すなわち将来加算一時差異の場合には,「繰延税金負債」が負債として計上される。

このケースについては,具体的には以下の会計処理がなされることになる。

(第1期)
　(借)繰延税金資産　　60　　　(貸)法人税等調整額　60*1
(第2期)
　(借)法人税等調整額　60　　　(貸)繰延税金資産　　60*2

*1　売掛金(資産)・売上,退職給付引当金(負債)・退職給付費用から生じた将来減算一時差異200へ実効税率30％を乗じた金額について,税効果会計の仕訳を計上する。
*2　第2期に課税所得計算へ反映されることで,将来減算一時差異が解消したため,繰延税金資産を取り崩して,法人税等調整額を計上する。

なお,税効果会計の仕訳を反映すると以下のとおりとなり,会計処理について税引前利益に対する法人税等の合計の金額の比率は,第1期も第2期も同じ30％($=150\div500$)となる。

図表5-1-3　税効果会計を反映した会計処理と税金計算

【第1期】

キャッシュ(参考)	会計処理	税金計算
入金　1,000 出金　500 ネット　500 翌期,税金210が出金となる	収益　1,100 費用　600 税引前利益　500 法人税等　210 法人税等調整額　△60 法人税等計　150 税引後利益　350	益金　1,200 損金　500 課税所得　700 $700\times30\%=210$

【第2期】

キャッシュ（参考）	会計処理	税金計算
入金　1,000 出金　810 ネット　190 翌期，税金120が出金となる	収益　1,100 費用　500 税引前利益　600 法人税等　120 法人税等調整額　60 法人税等計　180 税引後利益　420	益金　1,000 損金　600 課税所得　400 400×30％＝120

2　実効税率の算定と見直し

　税効果会計では一時差異へ実効税率を乗じることにより，法人税等の期間調整がなされることになる。

　ここで，法人税等については，税効果会計基準注解（注1）より，法人税のほか，都道府県民税，市町村民税および利益に関連する金額を課税標準とする事業税が含まれるとされており，損益計算書上，「法人税，住民税および事業税」として表示される。

　また，税効果会計に適用される税率は，「法定実効税率」（本書では税率あるいは実効税率と略称を用いている）であり，個別税効果実務指針第17項では，事業税が損金算入されることの影響を考慮し，以下の算定式が示されている。

> 法定実効税率＝（法人税率×（1＋住民税率）＋事業税率）÷（1＋事業税率）

　具体的な計算方法としては，以下のとおりとなる。なお，2016年3月期，外形標準課税の適用会社（資本金1億円超），東京都を前提としている。

第5章 税効果会計と繰延税金資産の回収可能性の考え方　189

> 法定実効税率＝(法人税率×(1＋(地方法人税率＋住民税率(超過税率)))
> 　＋事業税率(超過税率)＋事業税率(標準税率)×地方法人特別税率)
> ÷(1＋(事業税率(超過税率)＋事業税率(標準税率)×地方法人特別税率)))
> ＝(23.90％×(1＋(16.3％＋4.40％))＋3.40％＋3.10％×93.50％)÷(1＋3.40％
> ＋3.10％×93.50％)
> ＝33.06％

　それでは，税率の変更があった場合にはどうなるのであろうか。

　税効果会計基準二二2および税効果会計基準注解（注6）（注7）より，税効果会計に適用される法定実効税率は，課税計算の対象として支払・回収がなされる期の税率を適用するものとされており，税率の変更があった場合には，新たな税率に基づき再計算をし，法人税等調整額（損益項目）に加減するものとされる。

　その他有価証券評価差額金等に適用される税効果会計については，その他有価証券評価差額金等（純資産，その他の包括利益累計額の項目）を加減するものとされているため，その他有価証券評価差額金等の期中増減（その他の包括利益）へ反映される。

　これらの会計処理のタイミングとしては，決算日現在において，改正税法が公布されており，将来の適用税率が確定している場合には，改正後の税率を適用するものとされていた。

　平成28年3月14日，企業会計基準委員会（ASBJ）は，「税効果会計に適用する税率に関する適用指針」を公表し，これは平成28年3月31日以後終了する連結会計年度・事業年度の年度末から適用されている。改正税法が公布されているかどうかではなく，期末日において改正税法が国会で成立している場合，改正税法の税率を適用することになる。このほか，地方税法等の改正法案は決算日までに国会で成立したが，地方自治体の条例改正等が決算日までに成立しない場合，超過税率の見積計算について複数の方法が定められている。

　このため，決算日までに将来の税率に係る税法が国会で改正されている場合

には，その決算日に会計処理をする必要がある。減税の場合，繰延税金資産が減少するため，法人税等調整額が増加し，当期純利益が減少するという影響があることに留意が必要である。

3 繰延税金資産の回収可能性

(1) 繰延税金資産の回収可能性に関する適用指針

平成27年12月28日，企業会計基準委員会（ASBJ）は，繰延税金資産の回収可能性に関する適用指針（以下，「回収可能性適用指針」という）を公表した。これは，監査委員会報告第66号「繰延税金資産の回収可能性の判断に関する監査上の取扱い」の定めについて，見直しがなされたうえで引き継がれたものである。なお，平成28年3月28日，一部改正がなされている。

適用時期は，平成28年4月1日以後開始する連結会計年度・事業年度の期首から適用される。ただし，平成28年3月31日以後終了する連結会計年度・事業年度の年度末から早期適用できる（回収可能性適用指針第49項）。

本書では，回収可能性適用指針の定めに基づき，みていくこととする。監査委員会報告第66号において要件に基づき企業を1から5へ分類し，分類に応じた取扱いがなされていたという基本的な考え方に変更はないものの，主に以下の点について見直しがなされている。

- ・（分類1）から（分類5）の要件をいずれも満たさない場合，乖離度合いが最も小さいと判断されるものに分類されること。
- ・（分類2）および（分類3）の分類の要件として，経常的な利益ではなく，臨時的な原因により生じたものを除いた課税所得に基づくものとされた。
- ・（分類2）の繰延税金資産の計上額について，スケジューリング不能な将来減算一時差異でも，将来のいずれかの時点で回収できることを企業

が合理的な根拠をもって説明する場合は、回収可能性があること。
・（分類3）の繰延税金資産の計上額について、5年を超えていても見積可能期間のスケジューリングにより回収可能性を企業が合理的な根拠をもって説明する場合は、回収可能性があること。
・（分類4）の繰延税金資産の計上額について、将来、5年を超えて（一時差異等を加算減算する前の）課税所得が安定的に生じることを企業が合理的な根拠をもって説明する場合は、（分類2）に該当するものとされた。
・（分類4）の繰延税金資産の計上額について、将来、3から5年程度、（一時差異等を加算減算する前の）課税所得が生じることを企業が合理的な根拠をもって説明する場合は、（分類3）に該当するものとされた。

このほか、適用初年度は、特定項目について会計処理が異なる場合、期首の影響額を利益剰余金等に加減することになる。すなわち、会計基準等の改正に伴う会計方針の変更として取り扱う（回収可能性適用指針第49項）。

(2) 設例による繰延税金資産の回収可能性の検討

税効果会計においては、将来にわたる課税所得計算へ及ぼす影響を勘案したうえで、会計処理がなされることになる。

特に、繰延税金資産については、将来減算一時差異が解消されるときに課税所得を減少させ税金負担額を軽減できると認められる範囲内で計上するものとされている（税効果会計基準注解（注5））。

この将来の税金負担額を軽減する効果があることは、回収可能性があることといわれており、個別税効果実務指針第21項から第23項（回収可能性の判断要件など）および回収可能性適用指針（(1)参照）における定めをみていくこととする。

なお、税務上の繰越欠損金が存在する場合についても、同様の定めに従い、回収可能性があるときには繰延税金資産が計上される。

繰延税金資産の回収可能性の判断において、次の要件に基づいて、将来の税金負担額を軽減する効果を有する場合、繰延税金資産が計上されるものとなる（回収可能性適用指針第6項）。

- 将来加算一時差異の十分性
- 収益力に基づく課税所得の十分性
- タックスプランニングの存在

【将来加算一時差異の十分性】

将来減算一時差異や税務上の繰越欠損金について、将来解消が見込まれる各年度において、将来加算一時差異の解消が見込まれることにより、繰延税金資産が回収されるものと判断される場合である。

日本の税制においては、通常、将来減算一時差異の方が大きくなるため、将来加算一時差異により回収されるものは限定的であるため、他の要件も併用して判断することになる。

【収益力に基づく課税所得の十分性】

将来減算一時差異や税務上の繰越欠損金について、将来解消が見込まれる各年度にて一時差異等加減算前課税所得が生じるかどうか見積もることにより、一時差異等加減算前課税所得が発生することで、税金負担額を軽減できると見込める場合には、繰延税金資産が回収されるものと判断される場合である。

回収可能性適用指針では、監査委員会報告第66号における企業の分類に応じた取扱いの枠組みを基本的に踏襲したものの、過去の事象と将来の業績予測等を考慮することとしたため、分類ごとの要件は次のとおりとなっている（回収可能性適用指針第64項および第65項）。

（分類1）は、次の要件をいずれも満たす企業である（回収可能性適用指針第17項）。

> ① 過去（3年）および当期のすべての事業年度において，期末の将来減算一時差異を十分に上回る課税所得が生じており，
> ② 当期末において，近い将来に経営環境に著しい変化が見込まれていないことである。

（分類2）は，次の要件をいずれも満たす企業である（回収可能性適用指針第19項）。

> ① 過去（3年）および当期のすべての事業年度において，臨時的な原因により生じたものを除いた課税所得が，期末の将来減算一時差異を下回るものの，安定的に生じている。
> ② 当期末において，近い将来に経営環境に著しい変化が見込まれていないことである。
> ③ 過去（3年）および当期のいずれの事業年度においても重要な税務上の欠損金が生じていない。

（分類3）は，次の要件をいずれも満たす企業である（回収可能性適用指針第22項）。

> ① 過去（3年）および当期において，臨時的な原因により生じたものを除いた課税所得が大きく増減している。
> ② 過去（3年）および当期のいずれの事業年度においても重要な税務上の欠損金が生じていない。

ただし，過去（3年）において，重要な税務上の欠損金の繰越期限切れとなった事実がある場合，あるいは，当期末において，重要な税務上の欠損金の繰越期限切れが見込まれる場合には，（分類4）に該当する。

（分類4）は，次の要件のいずれかを満たし，かつ翌期の一時差異等加減算前課税所得が見込まれる企業である（回収可能性適用指針第26項）。

> ① 過去（3年）または当期において，重要な税務上の欠損金が生じている。
> ② 過去（3年）において，重要な税務上の欠損金の繰越期限切れとなった事実がある。
> ③ 当期末において，重要な税務上の欠損金の繰越期限切れが見込まれる。

ただし，将来，5年を超えて一時差異等加減算前課税所得が安定的に生じることを企業が合理的な根拠をもって説明する場合は，（分類2）に該当する（回収可能性適用指針第28項）。

また，将来，3から5年程度，一時差異等加減算前課税所得が生じることを企業が合理的な根拠をもって説明する場合は，（分類3）に該当する（回収可能性適用指針第29項）。

（分類5）は，次の要件をいずれも満たす企業である（回収可能性適用指針第30項）。

> ① 過去（3年）および当期のすべての事業年度において，重要な税務上の欠損金が生じている。
> ② 翌期においても重要な税務上の欠損金が生じることが見込まれる。

（分類1）に該当する企業の場合，繰延税金資産の全額について回収可能性があるものとされ，（分類5）の場合には，全額について回収可能性がないものとされる（回収可能性適用指針第18項および第31項）。

（分類2）から（分類4）については，将来の課税所得を見積もることにより，将来減算一時差異の解消スケジューリングを行う必要があるとされており，

各分類に応じてスケジューリング可能な年数が示されている（回収可能性適用指針第21項および第23項から第25項，第27項）。

また，税効果会計の対象となる勘定科目ごとの取扱いについても，次の各項目について定められていることにも留意が必要である。

・解消見込年度が長期にわたる将来減算一時差異（例えば，退職給付引当金や建物の減価償却超過額）（回収可能性適用指針第35項）
・固定資産の減損損失に係る将来減算一時差異（回収可能性適用指針第36項）
・役員退職慰労引当金に係る将来減算一時差異（回収可能性適用指針第37項）
・その他有価証券の評価差額に係る将来減算一時差異（回収可能性適用指針第38項から第42項）
・連結財務諸表における退職給付に係る負債に関する一時差異（回収可能性適用指針第43項から第45項）
・繰延ヘッジ損益に係る一時差異（回収可能性適用指針第46項）
・繰越外国税額控除に係る繰延税金資産（回収可能性適用指針第47項および第48項）

以下，簡単な設例によりみていくこととしたい。

まず，X1年3月期末以降の一時差異等加減算前課税所得の見積りが**図表5-3-1**のとおりであったとする。

この一時差異等加減算前課税所得とは，X0年3月期末の将来減算一時差異のうち解消が見込まれる各年度の解消額を減算する前の，将来の課税所得の見積額であり，X0年3月期末の税務上の繰越欠損金がある場合には，繰越欠損金を控除する前のものである（回収可能性適用指針第3項(9)および設例1）。

図表5-3-1　課税所得の見積り

	X1/3	X2/3	X3/3	X4/3	X5/3	X6/3	X7/3以降
一時差異等加減算前課税所得	200	200	200	200	200	200	200

　次に，X0年3月期末において，将来減算一時差異として，収益認識400および退職給付200の合計600が生じていたとする。

　将来減算一時差異の解消スケジューリングについては，収益認識400のうち，200については棚卸資産の販売に伴うものであり支配移転により翌期解消予定であるが，残りの200については不動産の売却に伴うものであってスケジューリング不能であるとする。退職給付200については，当面，退職が見込まれておらず，長期にわたることになる。

　これらを前提とすると図表5-3-2のような解消スケジューリングが考えられるため，各例示区分における繰延税金資産の回収可能性をみていくことにしたい。

図表5-3-2　将来減算一時差異の解消スケジューリング

	X1/3	X2/3	X3/3	X4/3	X5/3	X6/3	X7/3以降
一時差異等加減算前課税所得	200	200	200	200	200	200	200
棚卸資産の支配移転にて一時差異解消	△200						
退職により一時差異解消							△200

((分類1)の場合)

　スケジューリングにて検証することなく，スケジューリング不能なものや長

期にわたって解消するものも全額回収可能性があると判断されるため、繰延税金資産180（＝600×実効税率30％）が計上される。

((分類2)の場合)

一時差異等のスケジューリングの結果に基づき計上されていれば回収可能性があると判断され、長期にわたって解消するものも回収可能性があると判断されるため（回収可能性適用指針第20項）、スケジューリング不能なもの（不動産200）を除き、繰延税金資産120（＝(600－200)×実効税率30％）が計上される。

ただし、スケジューリング不能なものであっても、将来のいずれかの時点で回収できることを企業が合理的な根拠をもって説明する場合、回収可能性があるものと判断される（回収可能性適用指針第21項）。

((分類3)の場合)

将来の合理的な見積可能期間（おおむね5年）以内の一時差異等加減算前課税所得の見積額に基づくことになる。このケースでは、5年後のX5/3までにおける一時差異等のスケジューリングの結果に基づき計上されたものが回収可能性があると判断されるため、スケジューリング不能なもの（退職給付200および不動産200）を除き、繰延税金資産60（＝(600－200－200)×実効税率30％）が計上される。

ただし、5年を超える見積可能期間であっても、回収可能であることを企業が合理的な根拠をもって説明する場合、回収可能性があるものと判断される（回収可能性適用指針第24項）。

さらに、（分類4）と（分類5）の場合をみていくにあたり、前提条件を追加したい。

前述に加え、税務上の繰越欠損金600が生じていたものとし、繰越期間9年であるが、繰越控除前の課税所得の65％（2年目まで）、50％（3年目以降）

に制限されているものとする。これらを前提とすると**図表5-3-3**のような解消スケジューリングが考えられる。

図表5-3-3 将来減算一時差異の解消スケジューリング（繰越欠損金あり）

	X1/3	X2/3	X3/3	X4/3	X5/3	X6/3	X7/3以降
一時差異等加減算前課税所得	200	200	200	200	200	200	200
棚卸資産の支配移転にて一時差異解消	△200						
退職により一時差異解消							△200
控除限度額	0	130*1	100*3	100	100	100	―
繰越欠損金	600	470*2	370	270	170	70	70

*1　繰越控除前の課税所得200へ65％を乗じた金額
*2　当初の繰越欠損金600から控除限度額130を差し引いた金額
*3　繰越控除前の課税所得200へ50％を乗じた金額（翌期以降も同じ）

((分類4) の場合)

　翌期に課税所得の発生が確実に見込まれ，その範囲内で一時差異等のスケジューリングの結果に基づくこととされているため，このケースでは，棚卸資産の支配移転により解消する一時差異200のみ，回収可能性があると判断されるため，繰延税金資産60（＝200×実効税率30％）が計上される。

　ただし，将来において5年超にわたり一時差異等加減算前課税所得が安定的に生じることを企業が合理的な根拠をもって説明する場合，（分類2）に該当し，将来においておおむね3年から5年程度は一時差異等加減算前課税所得が生じることを企業が合理的な根拠をもって説明する場合，（分類2）に該当するものと判断される（回収可能性適用指針第28項および第29項）。

　（分類2）に該当する場合，一時差異等のスケジューリングの結果に基づき，棚卸資産の支配移転により解消する一時差異200および税務上の繰越欠損金600，

長期にわたって解消する一時差異200について、回収可能性があると判断されるため、繰延税金資産300（＝(200＋600＋200)×実効税率30％）が計上される。

（分類3）に該当する場合、例えば5年後のX5／3までにおける一時差異等のスケジューリングの結果に基づき、棚卸資産の支配移転により解消する一時差異200および税務上の繰越欠損金430（＝600－170）について、回収可能性があると判断されるため、繰延税金資産189（＝(200＋430)×実効税率30％）が計上される。

((分類5) 場合)

スケジューリングにて検証することなく、将来減算一時差異および税務上の繰越欠損金について、全額、繰延税金資産の回収可能性はないものと判断され、繰延税金資産は計上されないことになる。

【タックスプランニングの存在】

含み益のある固定資産や有価証券を売却する等、将来の課税所得の発生見込額により繰延税金資産の回収可能性を判断する場合についても、（分類1）から（分類5）に基づく指針が示されている（回収可能性適用指針第34項）。

(分類1)

タックスプランニングに基づく一時差異等加減算前課税所得の見積額を将来の見積額に織り込んで判断することは不要とされている。

(分類2)

以下の要件を満たす場合には、タックスプランニングに基づく一時差異等加減算前課税所得の見積額を将来の見積額に織り込んで判断することができる。

- 資産の売却等に係る意思決定が、事業計画や方針等で明確となっており、かつ、資産の売却等に経済的合理性があり、実行可能である場合

・売却される資産の含み益等の金額については，契約等で確定している場合，または，例えば有価証券は期末時価，不動産はおおむね1年以内の不動産鑑定評価額等の公正な評価額であること

（分類3）

以下の要件を満たす場合には，タックスプランニングに基づく一時差異等加減算前課税所得の見積額を，合理的な見積可能期間（おおむね5年など）の見積額に織り込んで判断することができる。

・将来の合理的な見積可能期間（おおむね5年など）に資産の売却等を行うという意思決定が事業計画や方針等で明確であり，かつ，資産の売却等に経済的合理性があり，実行可能である場合
・売却される資産の含み益等の金額については，契約等で確定している場合，または，例えば有価証券は期末時価，不動産はおおむね1年以内の不動産鑑定評価額等の公正な評価額であること

（分類4）

以下の要件を満たす場合には，タックスプランニングに基づく一時差異等加減算前課税所得の見積額を翌期の見積額に織り込んで判断することができる。

・資産の売却等の意思決定が，適切な権限を有する機関の承認，決裁権限者による決裁または契約等で明確となり，確実に実行されると見込まれる場合
・売却される資産の含み益等の金額については，契約等で確定している場合，または，例えば有価証券は期末時価，不動産はおおむね1年以内の不動産鑑定評価額等の公正な評価額であること

（分類5）

　繰延資産の回収可能性をタックスプラニングに基づいて判断できないものとする。ただし，税務上の繰越欠損金を十分に上回るほどの資産の含み益等を有しており，かつ，上記（分類4）の要件を満たす場合のみ，翌期の一時差異等加減算前課税所得の見積額に織り込むことができる。

第6章

収益認識の会計処理と税務申告調整

これまで会計処理と税務上の扱いとの相違点および税効果会計の考え方をみてきた。

本章では，固定資産や引当金の税務の申告調整を踏まえて収益認識について税務の申告調整をみていくこととする。

1 会計と税務の申告調整

日本の会計基準では，10年以上にわたり，国際会計基準へのコンバージェンスがなされてきていることから，会計処理において計上された損益のうち，税務上の益金・損金として認められない項目が増えてきている。

固定資産の減損損失については，「固定資産の減損に係る会計基準」等により，計上された減損損失は，通常，税務上の損金とされないことから，税務申告書上，別表4の加算項目として，課税所得計算において調整されることとなる。

なお，固定資産の資産除去債務についても，「資産除去債務に関する会計基準」等により，資産に計上された資産除去債務は，有形固定資産に含めて減価償却されていき，負債に計上された資産除去債務についても利息費用等が生じるが，税務上の損金とされないことから，税務申告書上，別表4の加算項目と

して，課税所得計算において調整されることとなる。

また，退職給付については，「退職給付に関する会計基準」等により，計上された退職給付費用は，税務上の損金（退職金，年金掛金）と異なることから，税務申告書上，別表4の加算項目（あるいは減算項目）として，課税所得計算において調整されることとなる。

さらに，退職給付以外の引当金（賞与引当金，製品保証引当金など）についても，通常，債務が確定されていないものと判断されることから，税務上の損金とされないことから，税務申告書上，別表4の加算項目として，課税所得計算において調整されることとなる。

例えば，固定資産の減損損失100，退職給付費用50，賞与引当金繰入額10が計上されているが，これらはいずれも税務上の損金として認められないものとする。また，税引前利益840（＝当期純利益540＋法人税等300）とする。

この場合，次のとおり，税務申告書上，別表4において加算されて課税所得1,000（＝540＋300＋100＋50＋10）が計算され，別表5(1)において税務上の利益積立金額が算定されることになる。

《別表4の抜粋》

当期利益	540
加算：	
損金経理納税充当金	300
固定資産減損損失	100
退職給付費用	50
賞与引当金繰入額	10
所得金額	1,000

《別表5(1)の抜粋》

	利益積立金額
固定資産減損損失	100
退職給付費用	50
賞与引当金繰入額	10

ここで，第5章でみてきた税効果会計を適用するとしよう。厳密には，第5章 2 および 3 のとおり，実効税率を算定し，繰延税金資産の回収可能性を検討する必要があるが，便宜的に実効税率30％であり，繰延税金資産は全額回収可能であったものとする。

この場合,上記の将来減算一時差異160(=100+50+10)について,実効税率を乗じることにより,繰延税金資産48(=160×30%)が計上されるため,次の仕訳となり,当期純利益は492(=540-48)となる。

(借)繰延税金資産　48　　（貸）法人税等調整額　48

この税効果会計については,課税所得の計算において影響を及ぼさないことから,別表4及び別表5(1)の抜粋は次のとおりとなる。

《別表4の抜粋》

当期利益	492
加算：	
損金経理納税充当金	300
繰延税金資産	48
（法人税等調整額）	
固定資産減損損失	100
退職給付費用	50
賞与引当金繰入額	10
所得金額	1,000

《別表5(1)の抜粋》

	利益積立金額
繰延税金資産	48
固定資産減損損失	100
退職給付費用	50
賞与引当金繰入額	10

2　収益認識における税務申告調整

　第1章から第4章において,収益認識における現行の日本の会計処理,国際会計基準の扱い,日本の税務上の規定と判例等について詳細にみてきた。企業会計基準委員会（ASBJ）は,収益認識意見募集を公表しており,将来,日本の会計処理は,国際会計基準と同様の扱いとなっていくことが検討されている。仮に,個別財務諸表上,国際会計基準と同様の扱いとなったとした場合,税務上の扱いにも影響が及ぶのかどうか明らかではないものの,基本的な考え方については同じように扱われていくのではないかと推測することができるであろ

う。

　まず，第2章でみてきたとおり，棚卸資産の販売について，現行の税務上の扱いとしては，合理的な収益の計上基準であることが求められていることからすると，現行の日本の会計処理から国際会計基準の扱いへ移行したとしても，合理的な収益の計上基準であるという前提において，税務申告書による調整は不要となるのではないかと考えられる。

　しかしながら，法人税基本通達等より，例えば，機械設備等の販売に伴う据付工事，ポイント・値引券，売上割戻・リベート，返品調整引当金，商品引換券等の発行については，今後見直しがなされることがなければ，税務申告書において加算項目として調整が必要となる項目もあるのではないかと考えられる。

　次に，第3章でみてきたとおり，工事進行基準については，法人税法上，長期大規模工事に該当するものは適用対象とされているため，現行の日本の会計処理から国際会計基準の扱いへ移行し，仮に，工事完成基準が適用されることとなった場合，税務申告書において調整が必要となっていくものと考えられる。

　また，棚卸資産の販売と同様，法人税基本通達等より，例えば，役務提供，ライセンス，入会金・加入手数料について，今後見直しがなされることがなければ，税務申告書において加算項目として調整が必要となっていくのではないかと考えられる。

　さらに，第4章 5 などでみてきたとおり，裁判例において，税会計処理基準というものが示されており，企業会計の実務で適用されている会計基準等に対して税務の扱いは異なるという考え方であるが，確立されたものではないようである。ただし，税務申告書において調整しておくことにより，税務リスクを軽減できるということが，実務上，考えられている。

　このような分析を踏まえ，簡単な設例により，会計処理へ及ぼす影響を確認することとしたい。

　前述の 1 会計処理と税務申告調整における設例では，税務申告書上，別表4において加算された項目として，固定資産の減損損失100，退職給付費用50,

賞与引当金繰入額10であったが，これらに加えて，会計と税務の収益認識時点が異なることによる影響額200（＝売上高500－売上原価300）についても加算されたものとする。また，税引前利益640（＝当期純利益340＋法人税等300）とする。

この場合，次のとおり，課税所得1,000（＝340＋300＋100＋50＋10＋200）が計算され，別表5⑴において税務上の利益積立金額が算定されることになる。

《別表4の抜粋》

当期利益	340
加算：	
損金経理納税充当金	300
固定資産減損損失	100
退職給付費用	50
賞与引当金繰入額	10
売上高	500
売上原価	△300
所得金額	1,000

《別表5⑴の抜粋》

	利益積立金額
固定資産減損損失	100
退職給付費用	50
賞与引当金繰入額	10
売上高	500
売上原価	△300

ここで，第5章でみてきた税効果会計を適用するとしよう。厳密には，第5章②および③のとおり，実効税率を算定し，繰延税金資産の回収可能性を検討する必要があるが，便宜的に実効税率30％であり，繰延税金資産は全額回収可能であったものとする。

この場合，上記の将来減算一時差異360（＝100＋50＋10＋500－300）について，実効税率を乗じることにより，繰延税金資産108（＝360×30％）が計上されるため，次の仕訳となり，当期純利益は232（＝340－108）となる。

(借) 繰延税金資産　108　　(貸) 法人税等調整額　108

この税効果会計については，課税所得の計算において影響を及ぼさないことから，別表4及び別表5⑴の抜粋は次のとおりとなる。

《別表4の抜粋》

当期利益	232
加算：	
損金経理納税充当金	300
繰延税金資産	108
（法人税等調整額）	
固定資産減損失	100
退職給付費用	50
賞与引当金繰入額	10
売上高	500
売上原価	△300
所得金額	1,000

《別表5(1)の抜粋》

	利益積立金額
繰延税金資産	48
固定資産減損失	100
退職給付費用	50
賞与引当金繰入額	10
売上高	500
売上原価	△300

【著者紹介】

小林　正和（こばやし　まさかず）

公認会計士・税理士

1996年　東京大学経済学部卒業
　同年　監査法人トーマツ（現　有限責任監査法人トーマツ）入所
1999年　公認会計士登録。国内監査部門，金融インダストリーグループに所属
2007年　企業会計基準委員会（ASBJ）へ研究員として出向
2010年　同法人へ帰任し，金融インダストリーグループ，本部（IFRSセンター，テクニカルセンター）も所属
2013年　小林公認会計士事務所開業
2014年　税理士法人小林会計事務所開業
　　　　会計監査，会計・税務顧問，財務調査などの業務に従事
　　　　小池公認会計士事務所，はやぶさグループ（稲葉代表）における会計監査も従事

石井　亮（いしい　りょう）

弁護士・税理士

1998年　早稲田大学法学部卒業
　その後，会計事務所勤務を経て
2004年　司法研修所入所
2005年　弁護士登録
　同年　鳥飼総合法律事務所入所
2010年～2013年　国税審判官（特定任期付公務員）
2013年　鳥飼総合法律事務所に復帰
2015年　同パートナー
　　　　タックス・プランニング，税務調査対応，審査請求，税務訴訟など税務案件全般に従事

収益認識の会計・税務

2016年8月5日　第1版第1刷発行

著者　小林　正和
　　　石井　亮
発行者　山本　継
発行所　㈱中央経済社
発売元　㈱中央経済グループ
　　　　パブリッシング

〒101-0051　東京都千代田区神田神保町1-31-2
　　　　電話　03 (3293) 3371 (編集代表)
　　　　　　　03 (3293) 3381 (営業代表)
　　　　http://www.chuokeizai.co.jp/
　　　　印刷／東光整版印刷㈱
　　　　製本／㈱関川製本所

© 2016
Printed in Japan

＊頁の「欠落」や「順序違い」などがありましたらお取り替えいたしますので発売元までご送付ください。(送料小社負担)
ISBN978-4-502-19501-3　C3034

JCOPY〈出版者著作権管理機構委託出版物〉本書を無断で複写複製（コピー）することは、著作権法上の例外を除き、禁じられています。本書をコピーされる場合は事前に出版者著作権管理機構（JCOPY）の許諾を受けてください。
JCOPY〈http://www.jcopy.or.jp　eメール：info@jcopy.or.jp　電話：03-3513-6969〉